Heinrich Marr

Im Atelier

Dramatisches Gemälde aus dem Künstlerleben in 3 Akten

Heinrich Marr

Im Atelier

Dramatisches Gemälde aus dem Künstlerleben in 3 Akten

ISBN/EAN: 9783743639782

Hergestellt in Europa, USA, Kanada, Australien, Japan

Cover: Foto ©Thomas Meinert / pixelio.de

Weitere Bücher finden Sie auf **www.hansebooks.com**

Im Atelier.

Dramatisches Gemälde aus dem Künstlerleben.

in 3 Acten

von

Heinrich Marr.

(Original.)

Hamburg, 1868.

Druck von Rub. Rundt, Deichstraße No. 52.

Rubens bei Velasquez.

Von dem

Baron de Nilnise.

(Aus dem Constitutionel 1839.)

An einem schönen Herbstmorgen des Jahres 1629 machte sich eine große Regsamkeit in einem eleganten Hause zu Madrid bemerklich. Der Hof wurde mit Sand bestreut, es wurden Teppiche ausgelegt, Gemälde aufgehangen; vor Allem wurde ein großes Atelier auf's Sorgfältigste aufgeschmückt, denn es war das Haus des jungen und berühmten Malers Diego Velasquez, und das Treiben dort zeigte deutlich, daß man irgend einen solennen Besuch erwartete.

Obgleich erst 34 Jahre alt, hatte Velasquez sich bereits in Spanien einen Namen gemacht, der täglich größer wurde; eine Menge Eleven drängten sich zu seinem Unterricht, und Philipp IV., der ein Freund der Künste war, kam zuweilen selber, um mit seiner königlichen Hand unter den Augen des Künstlers einige Skizzen anzufertigen. Diego Velasquez hatte Italien, Holland und Flandern besucht; er hatte auch Rubens gesehen, und von seinen mit Nutzen unternommenen Reisen die Kenntnisse mitgebracht, welche für die Künste dasselbe sind, was der Brauch der Welt für die Gesellschaft.

In dem Hause des Velasquez sah man stets ein eigenthümliches Wesen, einen Mulatten, einen armen, schüchternen und blöden Sclaven, der dem Maler lieb war und von ihm in Schutz genommen wurde, der aber in dessen Abwesenheit der Spielball und der Sündenbock der Eleven war, einer bösen Brut, die erst dann mit Anderen Erbarmen hat, wenn sie selbst mehr Erfahrung gemacht. Zum besseren Verständniß dessen, was hiernächst berichtet werden soll, ist es nöthig, die Geschichte dieses Sclaven in ein paar Worten voranzuschicken. Velasquez hatte den Admiral Pareja

IV

gemalt, und dieser war mit seinem Bilde so zufrieden, daß er, von einem jungen Mulatten gefolgt, der eine dem Künstler bestimmte, kostbare goldene Kette trug, diesem persönlich zu danken ging. Als der Admiral sich dann wieder entfernen wollte, und sein Sclave, den man Juan nannte, ihm zu folgen im Begriff war, stieß der rauhe Seemann ihn mit dem Fuße zurück und sagte: „Meinst Du, daß wenn ich eine goldene Kette verschenke, ich den Ueberbringer behalten werde? Du gehörst von nun an dem Herrn Belasquez!" Damit ging er fort.

Der arme Mulatte mit dem scheuen Wesen, welches die Sclaverei giebt, und mit seinem verlegenen und sonderbaren Gesichte, schien den Eleven ein Gegenstand zu sein, mit welchem sie ihren Scherz treiben könnten. Schon die Art und Weise, wie er in ihre Werkstatt gekommen war, nämlich durch einen Fußtritt, gab ihnen einen unerschöpflichen Stoff, sich über ihn lustig zu machen. Zuvörderst machte es ihnen Spaß, ihm den Namen seines ersten Herrn zu geben und ihn Juan de Pareja zu nennen, welcher Name ihm dann stets geblieben ist. Belasquez seinerseits, der Mitleid mit ihm hatte, übertrug ihm das Reinhalten der Werkstatt, was wenig Arbeit erforderte, aber eine schwere Geduldsprüfung des Mulatten war. Juan war wohl daran, wenn der Künstler selbst zugegen war; wie sich derselbe aber entfernte, mußte er jeglichen Schabernack der Eleven ertragen. Er that dies eine lange Zeit mit einer hochherzigen Ergebung.

Endlich dessen jedoch überdrüssig, suchte er sich, wenn Belasquez abwesend war, irgend einen Winkel, um sich zu verbergen. Als Juan ein ganzes Jahr malen gesehen und gehört hatte, wie diese Kunst von den vornehmsten Personen in den Himmel erhoben wurde, wandelte auch ihn die Lust an, sich damit bekannt zu machen, und so versuchte er in den müßigen Stunden, während welcher er die Rückkunft seines Herrn erwartete, die Führung des Pinsels. Es standen ihm nur abgenutzte Pinsel und die Farbenreste, die er hier und da aufgabelte, zu Gebote. Er fühlte es recht gut, daß seine Leistungen nur ein Geschmier waren, doch machte ihm die Sache Spaß und er hielt diese Beschäftigung so gänzlich geheim, daß vier Jahre lang Niemand eine Ahnung davon hatte. In dem Augenblicke der großen Regsamkeit, die, wie wir schon gesagt haben, im Hause des Belasquez herrschte, schien der arme Sclave der Geschäftigste zu sein, denn ein Jeder hatte ihm etwas zu befehlen. Aber es wurden auch ein paar illustre Besucher erwartet, nämlich der König Philipp IV., — dessentwegen man indessen, da er ziemlich oft kam, nicht so viele Umstände gemacht haben würde, — und **Peter Paul Rubens**.

Dieser Bürger von Antwerpen galt dem Belasquez und seinen Eleven weit mehr, als der König von Spanien; er war ihr besonderer Herrscher, der König der Malerei, der Großmeister der Künste. Damals nannte man den großen

V

Namen Rubens in Europa nur mit ehrerbietigem Enthusiasmus. In seinem glorreichen Vaterlande, in Holland, im deutschen Reiche, in Frankreich, in Italien, in England, in Spanien, überall wurde dieser Name verehrt und verdiente es auch. Er war mit allen Fürsten befreundet; Maria v. Medicis hielt große Stücke auf ihn; Philipp IV. hatte ihn mit Würden überhäuft; der König von England, Carl I., hatte ihn mitten im Parlamente zum Ritter ernannt; die Infantin Isabella setzte sich gerne zur Seite seiner Staffelei. Seine Bilder hingen in allen Gallerien von Europa; er hatte Maler- und Kupferstecherschulen gebildet, welche die Welt in Erstaunen setzten. Als Architekt hatte er sich einen Palast gebaut und den Jesuiten zu Antwerpen einen prachtvollen Tempel; als Diplomat hatte er Friedenstractate abgeschlossen, während er die Potentaten malte; als Schriftsteller stand er mit den ersten Gelehrten von Europa in Correspondenz.

Seine Sinnesart stand mit seinem Genie im Einklang. Er unterhielt auf seine Kosten junge Künstler in Rom und rächte sich durch Wohlthaten an seinen Feinden. Zu letzteren gehörte Cornelius Schut, und als er hörte, daß es demselben an Arbeit gebrach, verschaffte er ihm deren sogleich. Er ließ durch van Uden und andere seiner Schüler die Thiere und die Landschaften seiner Bilder malen; als ihm dann aber nachgesagt wurde, es geschähe das, weil er sich selbst nicht darauf verstände, so stellte er bald darnach Jagdstücke von höchster Kraft und köstliche Landschaften zur Schau, die ganz von seiner Hand gemalt worden waren. Als man seine Kopf-Charaktere tadelte, malte er die Abnahme vom Kreuze. Er entwaffnete jede Kritik, indem er dasjenige auf's Beste ausführte, wozu ihm alles Talent abgesprochen worden war. Er hielt sich an das spanische Sprichwort, welches sagt: „Mache deine Sache gut, und du wirst Neider haben, mache sie aber noch besser, und du wirst sie beschämen."

Velasquez fühlte sich tief ergriffen bei dem Gedanken, daß er auf dem Punct stehe, von dem berühmtesten Künstler seiner Zeit beurtheilt zu werden. „Mein Ruf bedeutet nichts," sagte er, „so lange ich nicht den Ausspruch Rubens' für mich habe." Er wollte sich ihm nur in der Mitte von Meisterwerken zeigen, und hatte er ausdrücklich für diese vielsagende Zusammenkunft sein berühmtes Bild, der Mantel Josephs, gemalt, welches die Franzosen im Jahre 1809 nach dem Louvre brachten, und das durch die Ereignisse, die Napoleon stürzten, Spanien zurückgegeben wurde. Er rechnete auf den Effect dieses Bildes; denn Rubens hatte zwei Jahre früher, wo er nach Madrid gekommen war, dort glänzende Erzeugnisse seines Pinsels hinterlassen, und der spanische Künstler war durch sie begeistert worden.

Um Mittag trafen zwei glänzende Aufzüge fast zu gleicher Zeit auf dem Hofe des von Diego Velasquez bewohnten Hotels ein. Der eine dieser Aufzüge machte

VI

ehrerbietig Halt, um den König Philpp IV., umgeben von der Elite der spanischen Großen, vorbei zu lassen. Dann folgte auch jener; es war Rubens, begleitet von van Dyk, Scheiders, van Uden, Gaspard Granyer, Wildens und andern Künstlern, seinen Eleven, die er auf seinen Gesandtschaftsreisen mit sich nahm, denn er kam diesmal in der Eigenschaft eines Gesandten nach Spanien.

Als der flämische Künstler in der Nähe des Königs angekommen war, saß er eiligst ab, um sich vor dem Fürsten zu verneigen; Philipp IV. wollte aber nicht gehuldigt sein und sagte: „Wir sind bei einem Maler, und da seid Ihr der König!" Er faßte ihn zugleich beim Arm, und nun traten beide Herrscher, von ihrem Hofhalt gefolgt, in das Atelier ein.

Abseiten des Velasquez und seiner Eleven wurden Philipp Artigkeiten, Rubens Ehre erwiesen. Vor Allem schien Juan de Pareja, der Mulattensclave, ganz bezaubert zu sein; er hielt seine funkelnden Augen mit glühender Verehrung auf den großen Mann geheftet, und man sah es ihm an, wie er sich gerne vor ihm in die Knie geworfen hätte.

Rubens war 52 Jahre alt, sein Haupt war schön, sein Gesicht imponirend, seine Haltung edel und ausgezeichnet. An den Aufenthalt der Höfe gewöhnt, vereinigte er mit der Majestät des Genie's das feine Benehmen des Edelmannes.

Die Herzen aller Anwesenden schlugen lauter, als das Haupt der flammännischen Schule schweigend die Werke des Chefs der spanischen Schule musterte. Als er das Bild vom „Gewande Josephs" erblickte, äußerte er seine tiefe Bewunderung und reichte Velasquez, ohne ein Wort zu sprechen, die Hand; dieser aber warf sich ihm an die Brust. „Das ist," rief er aus, „der größte Tag meines Lebens! Ihr würdet aber meinem Glücke und meinem Ruhme die Krone aufsetzen, Señor, wenn Ihr geruhen wolltet, mein Atelier durch einige Pinselstriche, die Ihr darin ausführtet, zu ehren."

Indem er dies sagte, zeigte er mit der Hand auf seine bedeutendsten Bilder und bot Rubens einen Pinsel und eine Palette an, in der Hoffnung, der große Künstler würde auf irgend einem Theile eines seiner Werke einen Strahl seiner Geistesflammen fallen lassen. „Alles, was ich sehe, ist vollendet" sagte Rubens; er bückte sich dann aber, um eine, an die Mauer gelehnte Leinwand, die er für unbemalt hielt, aufzunehmen. Als er sie indessen umwandte, stieß er einen Schrei der Verwunderung aus, denn diese Leinwand war das Bild, welches seitdem unter der Benennung „die Grablegung" bekannt geworden ist.

Der Mulattensclave erbleichte vor Schrecken, als er diese Leinwand, die er nicht hier erwartet hatte, und die er insgeheim in seiner Einsamkeit gemalt, in solchen Händen sah. Er bebte wie Espenlaub und senkte sein Haupt unter der doppelten

VII

Besorgniß, von seinem Herrn gescholten, von den Eleven verhöhnt zu werden. Rubens untersuchte indeß dies Bild mit großer Aufmerksamkeit, und sagte endlich: „ich hätte geglaubt, Velasquez, es sei Euer Werk — — — —."

Nun richtete der Sclave, der seinen Ohren nicht traute, und der sich durch einen goldenen Traum hoch über seine Wünsche weggetragen fühlte, sein Haupt empor; doch wurde er von Niemand beachtet.

„Bei näherer Ansicht," fuhr Rubens fort, „erkenne ich, daß diese Malerei von einem Eurer Schüler sein muß. Wer es aber sein mag, er kann für einen Meister gelten, denn es bekundet sich Genie und Talent darin."

Ein jedes dieser Worte machte das Herz des armen Juan rascher schlagen.

„Ich weiß nicht," erwiderte Velasquez, indem er nun selbst das Bild betrachtete, „wer dies Bild, dessen Hiersein in meinem Atelier mir unbekannt war, gemalt haben mag."

Er sah verlangend auf alle seine Eleven, und sagte: „Wer von Euch, meine Herren, hat dies gemacht?"

Es erfolgte keine Antwort; als er dann aber zufällig den Mulatten ansah, da fiel Juan de Pareja in der größten Aufregung in die Kniee und stammelte:

— „Es ist von mir, Herr!"

Van Dyk hatte ihn halten müssen, damit er nicht umfiele, und er vergoß dann heiße Thränen, ohne weiter ein Wort hervorbringen zu können. Rubens und Velasquez hoben ihn auf und umarmten ihn, der König Philipp IV. aber, der ein glücklicher Zeuge dieses hehren Auftrittes gewesen war, trat herzu, legte seine Hand auf die Schulter des Sclaven und sagte zu ihm: „Ein Mann von Genie darf nicht Sclave bleiben, erhebe Dein Haupt und sei frei! Dein Herr soll sofort 200 Unzen Gold als Lösung haben."

„Und diese 200 Unzen Gold, Juan, gehören Dein," erwiderte Velasquez, „ich habe schon viel gewonnen, indem ich in Dir statt eines Sclaven, einen Maler und einen Freund gefunden habe."

— „Ha, immer Euer Sclave!" rief Juan de Pareja inbrünstig aus und umfaßte gerührt die Knie seines Herrn.

Rubens hatte, zu sehr angegriffen, die Palette und den Pinsel wieder aus der Hand gelegt; er wollte den andern Tag den Wunsch des Velasquez, in dessen Atelier eine Spur seiner Anwesenheit zu hinterlassen, erfüllen. Beide Aufzüge entfernten sich dann wieder.

Rubens kam, wie er es versprochen hatte, den andern Tag wieder; er malte eine Stunde lang und hinterließ eine Skizze. Juan, nun als ein freier Mann gekleidet, bediente ihn, und als Rubens fortging, schloß er den gewesenen Sclaven, der

VIII

nun sein Confrater war, und der ihn göttlich zu verehren schien, noch einmal in seine Arme.

Man möchte nun vielleicht noch etwas von dem Künstlerleben dieses Juan de Pareja hören. Er vergaß nie die gute Behandlung, die Velasquez ihm hatte angedeihen lassen; auch wollte er sich nie von ihm trennen. Er begleitete ihn überall hin und wurde mit ihm zugleich zu Rom in die Academie des heiligen Lucas aufgenommen, die damals den le Dominicani, den le Guido, den le Poussin, den Pietro de Cortona, den le Guerchin und Sandraert unter ihren Mitgliedern zählte. Velasquez verstarb im Jahre 1660 zu Madrid an einer ansteckenden Krankheit. Juan verließ seine Leiche nur, um dessen Wittwe zu pflegen, die acht Tage später an derselben Krankheit starb. Dann begab er sich zu der Tochter seines früheren Herrn, die seit Kurzem an den Landschaftsmaler Martinez del Mazo verheirathet war.

„Sennora," sagte er zu ihr, — „nur Ihr seid mir noch übrig, nehmt mich in Euren Dienst, wenn Ihr nicht wollt, daß ich sterbe."

„Komm, Du gehörst zur Familie," antwortete Mazo. Und Juan trennte sich nicht wieder von dem Landschaftsmaler, der ihm das Leben verdankte; denn als sich im Jahre 1670 ein vornehmer spanischer Herr zu Madrid durch ein satirisches Bild, das noch jetzt im Palaste von Aranjuez zu sehen ist, gekränkt glaubte, schickte er einen Meuchelmörder aus, den Mazo zu erdolchen. Juan de Pareja, der stets denjenigen begleitete, dem er sich gewidmet hatte, fing den diesem bestimmt gewesenen Dolchstoß auf und starb daran.

Das Madrider Museum hat mehrere, bewunderungswürdig gemalte Portraits des mulattischen Künstlers. Der Theil des immensen Pariser Museums, den man das spanische Museum nennt, hat sich mit zweien seiner Bilder bereichert; das eine stellt die heiligen Frauen beim Grabe des Heilandes dar, das andere ist die berühmte Grablegung, die in Rubens Hände zu Tage gefördert wurde. Die Berufung des heiligen Matthäus, für das Meisterwerk des Juan de Pareja gehalten, befindet sich im Palaste von Aranjuez.

Vorliegende Erzählung aus dem „Constitutionel" vom Jahre 1839 interessirte mich der Art, daß ich beschloß, dieselbe dramatisch zu bearbeiten. Bald jedoch erkannte ich, daß sie nichts weiter als eine Katastrophe bot, daß Personen, Handlung, daß — ein ganzes Stück zu schaffen sei, um zur Katastrophe zu gelangen.

So entstand das „Dramatische Gemälde aus dem Künstlerleben."

Der Verfasser.

Im Atelier.

Dramatisches Gemälde aus dem Künstlerleben
in 3 Acten
von
Heinrich Marr.

(Original.)

Personen.

Philipp IV., König von Spanien.
Calderon.
Belasquez.   Welaskes
Rubens.
Don Pareja.   Parecha
Quexada, ein Bürger in Madrid. Kechada   } auszusprechen.
Alvaro, sein Neffe.   Alwaro
Valtero,   Waltero
Petro,
Bustos,
Antonio,   } Schüler des Belasquez.
Diego,
Ambrosio,
Juan, Mulatte — Chuan auszusprechen.
Maria, ein Blumenmädchen.
1.
2. } Page des Belasquez.
Hofherren und Pagen im Gefolge des Königs.

Ort der Handlung: Madrid.   Zeit: erste Hälfte des 17. Jahrhunderts.

(Rechts und Links ist vom Zuschauer aus anzunehmen.)

Erster Act.

Atelier des berühmten Malers Velasquez. Großer Saal; durch die große gewölbte Bogen-Oeffnung tritt man in einen reich mit exotischen Gewächsen gezierten Garten. Im Saale links steht ein **großes Bild (die Brüder Josephs von Velasquez)** auf der Staffelei, daneben ein kleiner Tisch mit Pinsel, Paletten 2c., ferner noch zwei Staffeleien mit Bildern. An der andern Seite vier Staffeleien mit angefangenen Bildern, kleine Tische mit den nöthigen Maler-Requisiten daneben. Sämmtliche auf den Staffeleien stehende Bilder sind Act 1 und 2 ohne Rahmen. Im 3. Acte haben die **sechs Bilder der Schüler** theils goldene, theils andere Rahmen. Mehrere Bilder stehen an der Wand, Gypsbüsten und Modellfiguren in genialer Unordnung. Hinten an der Wand ein Tisch mit einer großen Platte zum Farbenreiben 2c. 2c. Ganz vorne zur rechten Seite auf einer Staffelei ein Bild (die Grablegung des Herrn), ohngefähr 3 Fuß lang und 2 Fuß hoch. Vasen mit Blumen 2c. in den Ecken des Saales.

Erste Scene. Juan (allein)

(malt an dem Bilde die Grablegung [NB. dies Bild muß auf einen alten Rahmen, an welchem man das Schadhafte erkennt, gespannt sein]; Palette und Pinsel in der Hand. Wenn er aufhört zu malen, kl. Pause.)

Nur einmal noch, und ach, zum letzten Male
Scheint heut' die Sonne auf mein Glück herab,
Und eh' sie ihren raschen Lauf vollendet,
Hat finstre Nacht auf's Neue mich umfangen.
Doch mag es sein, ich will darob nicht murren,
Nicht zürnen meinem harten Mißgeschick,
Das mich aus einem dumpfen Leben riß,
Wo ich, dem Thiere gleich, im stumpfen Sinn
Die Leiden nie gefühlt, die ich ertrug,
(mit einem Blick auf die anderen Bilder)
Das eine Welt voll Himmel mir gezeigt,
Und dann mit unbezwingbar, eh'rner Hand
Zurück mich schleudert in die düstre Nacht. —
Nein, nein, ich murre nicht. Mir bleibt ein Trost,
Der meine Fesseln minder drückend macht,
Ein Schatz, den keine Macht mir rauben kann,
Und reich geh' in mein Elend ich zurück. —
(legt Palette und Pinsel auf einen Tisch, sein Bild betrachtend, dann freudig:)

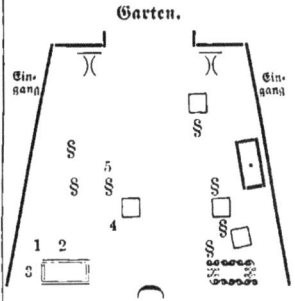

Garten-Prospect.

Garten.

1 2 3 4 5 sind Stühle.
§ sind Bilder auf Staffelei stehend.
☐)(sind kleine Tische.
ein größerer Tisch.
ist Juan's Bild.
ist der Tisch mit Steinplatte und Stein zum Farbenreiben.

Nichts fehlet mehr, und freudig kann ich sagen:
Vollendet hab' ich nun, was ich begonnen!
(plötzlich ernst)
Was aber soll mit Dir nun werden? Sprich!
Es wagte heimlich, unerlaubt und frech
Die Sclavenseele Dich hervorzurufen.
Wird nun Dein Leben heiter sich gestalten,
Wenn meines Lebens Nacht uns ewig trennt? —
Von Dir mich trennen? Nein, Du ziehst mit mir;
Ich lass' Dich nicht, Du bist mein Eigenthum! —
Wie aber Dich bewahren, Dich verbergen,
Dich schützen vor der rohen Diener Schaar,
Daß nie mein Schicksal auch das Deine werde?!
Ich kann den rohen Uebermuth ertragen,
Doch wenn nun häm'scher Spott aus ihren Augen,
Ihr frecher Hohn Dich je verachtend trifft, —
Ja dann, — ich fühl's, — dann wird in meinen Adern
Das eigne Blut in Tigerblut sich wandeln,
Und in den Staub vor Dir würd' ich sie schleudern! —
(Pause, dann plötzlich von einem Gedanken ergriffen, heiterer.)
Ja, ja; so sei's! Dort in der düstern Kammer,
Wo Alles, was zerrissen und beschädigt,
Wo werthlos, alte Bilder sind bewahrt,
Wo im Entstehen Du verborgen lebtest,
Und nur hervorgingst an das Tageslicht,
Um heimlich dürft'ge Nahrung einzusaugen,
Wenn Alles noch in süßem Schlummer lag, —
Dort magst im Finstern Du verborgen bleiben.
Und führt' auch je ein Zufall Dich an's Licht,
Brauchst Du Dich Deines Meisters nicht zu schämen;
Weiß es doch Niemand, wer Dich einst erschuf.
Nicht strenge wird man dann mit Dir verfahren.
Vielleicht hält gar ein gütig, milder Blick
Dich der Beachtung werth und spricht zu Dir;
Und wie er Deine Schwäche auch erkennt,
Verwerflich, schlecht, — wird er Dich wohl nicht heißen.
(Er bleibt in Gedanken bei dem Bilde stehen.)

Maria tritt auf und beginnt die Blumen aus den Vasen zu nehmen.

Zweite Scene. Juan, Maria.

Maria (ist während der letzten Zeilen im Garten erschienen, hat einen leeren Korb hingestellt, und die Blumen aus den Gefäßen an den Eingang genommen, um solche in den Korb zu legen, als sie Juan erblickt; sie wirft nach Beendigung seiner Rede einige Blumen nach ihm.)
(für sich) Er träumt wohl? (laut) Guten Morgen!

Juan. . . . . (erschrickt) Wer? — Ach Du? Maria, Juan.
Maria. (erschrocken) Hilf Himmel, Juan, wie hast Du mich erschreckt?
Juan. Das wollt' ich nicht, vergieb. — (Bleibt in Gedanken stehen.)
Maria. . . . . (sich umsehend) Nun seh' ich wohl,
Ich habe bei der Arbeit Dich gestört.
Sieh' nur, Du hast ja Alles schon geordnet,
Du warst recht früh schon fleißig, das ist schön.
(Sieht Juan an, k. Pause) Steh' doch nicht immer da im
wachen Traum,
Wie ich schon oft Dich fand; was drückt Dich? Rede!
Juan. Mich? — Nichts.
Maria. . . . . So? Nichts. Das sagst Du jedes Mal,
Wenn ich Dich d'rum befragt; sprich, ist das recht?
— Ich sollte eigentlich recht böse sein!
Der Meister, und die Andern Alle hier,
Sie wissen mehr von Dir und von den Deinen,
Als ich, die Dir so oft erzählen mußte
Von ihrer blinden Mutter. Du versprachst,
Auch mir von Deinen Eltern zu erzählen.
Noch ist es früh, und wir sind ungestört;
Du weißt, nicht Neugier treibt mich zu der Frage:
Wo ist Dein Vaterland; und Deine Eltern?
Juan. — Mein Vaterland liegt fern, und meine Eltern —
(seufzt, dann nach k. Pause)
Als Kind hört' meine Mutter oft ich sagen,
Daß ihre Heimath Afrika genannt.
Dort sei mit vielen andern Negerinnen
Ergriffen sie, und auf ein Schiff geschleppt;
Nach langer Reise, und nach vielen Qualen
Als Sclavin in Amerika verkauft.
Dort mußte sie das Christenthum bekennen,
Dort war es, wo sie mir das Leben gab. —
Mit Mutterliebe hat sie mich gepflegt;
Doch oft, wenn ich an ihrem Halse hing,
Sah ich aus ihren Augen Thränen fließen. —
Einst, als ich fragte, wo mein Vater sei,
Stieß sie, wild lachend, mich hinweg und schrie:
„Dein Vater? Sclave! Darfst das Wort Du nennen?
Du hast nur einen Herrn! Wie Pferd und Hund,
Bist Du, der Sclavin Kind, sein Eigenthum!
Daß er, der weiße Mann, der Dich gezeugt,
In Dir die Farbe Deiner schwarzen Mutter
Mit seiner kalten, weißen Farbe mischte,
Das gilt ihm Nichts, — er hat kein Vaterherz.
Es sind ihm Deine beiden Arm' und Hände

Nur ein Gewinn für seine Sclavenheerde." —
Bald starb sie, und verlassen war ich nun. —
Nach einem Vater durft' ich mich nicht sehnen,
So flossen nun an ihrem Grab die Thränen! — (Pause)
Maria. (weint) Du armer Juan! Wie bist Du zu beklagen!
Juan. — Der Priester sprach mir Muth und Tröstung zu,
Und wenn ich Alles auch noch nicht begriff,
Womit er mich auf's Christenthum verwies: —
Ich glaubte ihm, denn milde war sein Wort.
Als ich herangewachsen, hatte Don Pareja
Die Pflanzungen als neuer Herr besucht;
Mit ihm mußt' ich hieher nach Spanien zieh'n. —
Das ist mein Leben, Alles weißt Du nun! — (Pause, dann)
Maria. (seufzend) Ein traurig Leben, — keine Mutter mehr!
(um ihn zu erheitern) Komm Du nur oft zu uns, die blinde
                                                       Mutter, —
Sie weiß gar viele, viele schöne Sagen
Und sie erzählt sie gern; das wird Dich freu'n.
Willst Du?
Juan. . . . . . Gewiß, Maria; lebe wohl.
(Nimmt das Bild und will gehen.)
Maria. Wo willst Du hin? Ist das ein neues Bild?
O zeig' doch her —
Juan. . . . . Dies Bild? —
Maria. . . . . Ja, laß' mich's sehn!
Juan. Nein, nein, kein Auge soll es je erblicken.
Maria. Du närr'scher Mensch, wozu wär's denn gemalt?
Zeig' her, ich seh' die Bilder gar so gern.
(Sie will es nehmen, Juan verhindert es.)
Sei nicht störrisch! — Wenn ich Dich nun bitte?
Wir sind allein, wenn erst die Schüler kommen,
Die wild und ungezogen oft mich necken,
Dann ist's zu spät. — Laß! Mach' mir doch die Freude!
(Sie faßt das Bild, Juan läßt es ihr.)
Juan. So sieh!
Maria. (stellt es auf die Staffelei) Da stell' ich's auf die Staffelei,
(Sie blickt Juan lächelnd an.)
Steht's, — wie der Maler sagt, — im rechten Licht?
(Juan lauscht ängstlich, ob Niemand nahe.)
Ach Juan, das ist ein schönes Bild! Nicht wahr?
Das hat wohl gar der Meister selbst gemacht?
Juan. Was fällt Dir ein? Sprich solchen Frevel nicht,
Das ist ein elend — ist ein schlechtes Werk.
Maria. So? — Schlecht ist es? Das hätt' ich nicht gedacht.
Jedoch Du mußt es besser wohl verstehn,

Bist ja ein ganz geschickter Farbenreiber.
Sag' mir, was stellt das — schlechte Bild denn vor?
Juan. Die Grablegung des Herrn.
Maria. . . . . Ach ja, das ist's!
So hört' ich es aus frommem Priestermunde,
Ganz so, erzählen. — Dort ist ja das Grab.
Der heil'ge Leichnam mit der offnen Wunde
Im Leinentuche, Alles so natürlich,
Daß ich fast weinen, — und auch beten möchte.
Juan. (still entzückt) Dir also, — Dir gefiele wohl das Bild?
Maria. Ja, mir gefällt's, es ist ja so natürlich,
Als ob es just in Wahrheit sich begiebt.
Und dennoch soll das schöne, liebe Bild —
Ein Schlechtes sein? — Sieh', das begreif' ich nicht.
Sprich, ist es wahr? — Ach geh', Du willst mich foppen,
Ich sehe ja, wie Dir die Augen glänzen,
Gelt, ich versteh's? — Das ist ein schönes Bild?
Juan. (für sich) Welch' ein Gedanke! Ja, so soll es sein!
Die Armuth bietet liebend Dir die Hand.
Zu ihr Dich wende, sie wird Dich bewahren,
Wirst nicht verwittern, nicht in Staub vergeh'n.
(laut) Maria, möchtest Du ein Bild, — dies Bild
Besitzen?
Maria. . . . . . Solch' ein Bild? Das wäre ja
Für uns're kleine Hütte viel zu schön.
Wohl dacht' ich mir, — als ich vor einem Mond
Das erste Mal hier in den Saal getreten
Und diesen Reichthum sah, — wenn doch für Dich
Einmal ein kleines Bildchen übrig wäre!
Das wolltest Du der blinden Mutter bringen
Und ihr erzählen, was darauf zu seh'n;
Mit frischen Blumen jeden Morgen schmücken,
Und Zeuge sollt' es beim Gebete sein.
Jedoch ein solches, wie da vor uns steht,
Wär' viel zu kostbar für geringe Leute,
Das paßte schlecht in uns're enge Kammer.
Juan. Maria, wenn Du mir versprechen willst,
Daß nie ein Wort von Dir verrathen werde,
Und Du geheim und still es willst bewahren, —
So schenk' ich Dir das Bild.
Maria. . . . . Ei, darfst denn Du
So frei mit Deines Meisters Bildern schalten?
Juan. Nur mir gehört's, es ist mein Eigenthum!
Maria. Wie bist denn Du dazu gekommen? Sprich!

Juan. Ich habe, — nun — es war vor ein'gen Tagen
Ein fremder Maler hier, der ließ es steh'n. —
Er sah, daß ich Gefallen b'ran gefunden,
Und, da es weiter ohne allen Werth, —
So schenkt' er's mir —
Maria. . . . . (freudig) Und nun — nun ist es mein?
Wie freu' ich mich! O Dank, Dank, tausend Dank!
(Sie nimmt das Bild herunter.)
Juan. So mußt Du's halten, denn an dieser Ecke
Sind alle Farben noch ganz frisch und naß,
Weil ich so eben erst sie aufgetragen.
Maria. Was sprichst Du da? — Du hast sie aufgetragen? —
Juan. Versteh' mich recht, — noch unvollendet war's,
Als ich's erhielt, — barum, — so gut ich konnte,
Hab' ich es nun ganz heimlich ausgeführt.
Maria. Warum denn heimlich?
Juan. . . . . Weil gewiß der Meister
Auf ewig zürnte, wenn er je erführ' —
Maria. — Daß Du gemalt? — und darum sollt' er zürnen?
Juan. O ganz gewiß, und nun, — verrath' mich nicht,
Daß unverändert ich die hohe Güte
Im Angesicht des edlen Meisters lese,
Wenn ich auf ewig scheiden muß von hier.
Maria. Du, scheiden? — Und auf ewig? — Ei, warum?
Juan. Noch heute muß ich Alle hier verlassen,
Weil Don Pareja, mein gestrenger Herr,
Von seiner langen Reise heimgekehrt.
Maria. D'rum mußt Du fort? — O das ist schlimm, recht schlimm!
Gewiß, der Meister hätt' Dich gern behalten,
Die Schüler auch, es hat Dich Jeder lieb.
Und weil Du immer still und fleißig bist,
Und nicht mich neckst, wie jene wilden Schüler,
So hab' auch ich Dich gern, Du kannst mir's glauben.
Juan. Hast Du? Gewiß? Nun denn, so halte Wort.
Bewahre stets, was ich Dir hier vertraue,
Denk' ferner freundlich an den armen Sclaven,
Der Dir sein Einziges, sein Alles giebt,
Und bring' es ungesäumt — Still! hörst Du Nichts?
Im Hause regt sich's! Fort, schnell fort, Maria!
Maria. Ja, ich muß eilen, denn es ist schon spät.
So komm denn Du, mein liebes, liebes Bild,
Das kleine stille Kämmerlein zu zieren.
Dann flieg' ich in den Garten schnell zurück;
Gar viele Blumen hab' ich noch zu schneiden,
Den Saal zu schmücken; darum lebe wohl,

Du guter Juan, ich danke nochmals Dir!
Und kann ich einst Dir Dein Geschenk vergelten,
Sollst Du Maria undankbar nicht schelten.
(Indem sie das leere Körbchen mit nimmt, schnell ab in den Garten nach Seite links.)

Maria ab in den Garten nach Seite Links.

Dritte Scene. Juan (allein).

Juan. Es ist vorbei! Ich hab' es überstanden,
Und nun ich Dich in diesen Händen weiß,
Nun ist mir wohl, nun athm' ich leicht und frei. —
(In den Garten nach der Sonne blickend.)
Dein rascher Lauf mahnt mich an meine Pflicht!
O zürne nicht, ich werde Nichts versäumen,
Noch schlummert der Gebieter, unberührt
Von Deinen Strahlen, die herab Du sendest
Aus hohem Himmelszelt. Noch fragt er nicht,
Ob an der Thüre schon der Sclave harre
In seinem reichen, schweren, gold'nen Kleid!
O, dieses schwere, schwere gold'ne Kleid:
Dürst' ich's doch nimmer, nimmer wieder tragen!
Doch still, Juan, bedenk' Du darfst nicht klagen, —
Es war die Sclavin ja, die Dich geboren,
So bist auch Du zum Sclaven auserkoren.
D'rum trag' geduldig, greife nicht vermessen
Nach einem Gut, das nimmer Du besessen.
Und drückt Dich Leid, so denk', Du trägst im Herzen
(Auf die Bilder blickend) Den Himmelsbalsam gegen alle
Schmerzen.
(Geht langsam in den Garten ab, nach Seite Rechts.)

Juan ab in den Garten nach Seite Rechts.

Vierte Scene. (Durch die Seitenthür Seite Rechts kommen)
Quexada, Alvaro, zweiter Page.

2. Page. (Die Fremden einführend.) Beliebt nur hier ein Wenig zu
verweilen,
Der Meister wird wohl bald erscheinen.
(Zieht sich wieder zurück.)
Quexada. . . . . (umblickend) Ah!
Da sind wir mitten in der Werkstatt schon.

kommen durch Seitenthür Rechts.

2. Page wieder ab nach Seite Rechts.

Quexada, Alvaro.

3

Wie wird Dir, Neffe, nun; hebt sich die Brust
Beim Anblick solcher Meisterstücke nicht?
(Der 1. Page kommt von Seite Links aus dem Garten und nimmt einen ohngefähr 1½ Fuß langen und breiten, neubespannten Rahmen, welcher unter mehreren anderen hinten an der Wand steht, und geht damit wieder ab, wo er kam.)

1. Page kommt aus dem Garten von Seite Links, und geht nachdem er den bespannten Rahmen genommen, wieder dahin ab.

Alvaro. (niedergeschlagen) Ja wohl!
Quexada. . . . . So recht. Nur folgsam, liebes Kind!
  Denk' stets nur an den Ruhm und an die Ehre.
  Ein großer Künstler ist in unsern Tagen
  Ein — hochgeachtetes, ein — großes Wesen,
  Und so ein — großes Wesen sollst Du werden.
Alvaro. Ich fürchte nur —
Quexada. . . . . Nichts ist zu fürchten, Kind.
  Ich bin ein reicher Mann und will mit Freuden
  Dem Meister hier ein gutes Lehrgeld zahlen.
  Dann wird er willig Dir all' seine Mittel,
  All' seine Künste, die er sonst geheim
  Für sich bewahrt, eröffnen, und im Nu
  Bist Du dahinter, eh' Du Dir's gedacht.
Alvaro. Das geht so schnell nicht, Oheim, denn die Kunst
  Will tief durchdacht und wohlgeübt auch sein,
  Und Keiner, der sich nicht mit ganzer Seele,
  Mit Herz und Geist ihr unverbrüchlich weiht,
  Wird je den steilen Pfad des Ruhms erklimmen.
Quexada. Was Seele! Herz und Geist! Sprich nicht so dumm. —
  Zum Malen braucht man Leinwand, Farb' und Pinsel,
  Zwei Augen und zwei Hände, weiter Nichts.
  Du hast ja selbst von Jugend auf im Malen
  Dich fleißig schon geübt, und alle Bücher
  Und alle Wände stets im ganzen Hause
  Mit Schlachten und Soldaten angefüllt.
  Die Schlachten hast Du mit der Hand gemalt,
  Nicht mit der Seele, nicht mit Herz und Geist.
Alvaro. (lebhaft) Doch, Oheim, Herz und Geist war stets dabei,
  Und aus der Seele kam mir der Gedanke.
  Doch solche Bilder, wie ich hier erblicke,
  Sie treten nicht auf jenen Ruf in's Leben,
  Der meine Hand geleitet. Sagt mir nur,
  Wie kam's Euch denn so plötzlich in den Sinn
  Zum Maler, — ja zum Künstler mich zu machen?
  Verächtlich habt Ihr immer bis vor Kurzem
  Auf Kunst und auf Gelehrsamkeit geblickt.
  Wenn laut der Ruf die schönen Bilder pries,
  Die hier des Meisters großer Geist geschaffen,

So zucktet Ihr mitleidig stets die Achsel.
Den Enthusiasmus nanntet Wahnsinn Ihr,
Die Verse unsers großen Calderon,
Die alle Welt, so Alt als Jung, entzücken —
Ihr habet weder Aug' noch Ohr geliehn,
Sie je zu lesen oder anzuhören,
Denn alle Künste pflegtet Ihr zu sagen,
Somit auch Dichtkunst und die Malerei,
Sei'n insgesammt der Welt ganz ohne Nutzen,
Weil — nichts Reelles d'rin enthalten sei.

Quexada. (sich umsehend) Es ist auch nichts Reelles an den Dingen;
Denn diese bunten Malereien hier,
Wie jene Verse Deines Calderon,
Die Dich begeistern und in Flammen setzen,
Und denen Alles, — weil es Mode — huldigt:
Sind Nichts als Spielwerk nur, und Zeitvertreib.
Daß sich's noch in der Mode halten kann,
Liegt nur darin, weil es ein Spielwerk ist
Zu kostbar, um für Jedermann zu dienen.
Fällt erst der Preis, so ist die Mode aus.

Alvaro. So denkt Ihr noch), und könntet dennoch wollen, — —
Daß ich —

Quexada. . . . . . . Du zweifelst? Ich begreif' Dich nicht!

Alvaro. (ihn besänftigend) Beruhigt Euch, ich bin ja ganz zufrieden.
Ich meinte nur, auf eine and're Art
Könnt' gleichfalls ich mein Brod erwerben lernen:
Im Krieg —

Quexada. . . . . Was Lernen! Albernes Geschwätz!
Ich bin ein reicher Mann, Du bist mein Erbe,
Das ist genug; Du brauchst Nichts mehr zu lernen,
Du sollst Nichts weiter als ein Künstler werden;
Denn — höre nur, ich will es Dir vertrau'n.
Du weißt, ich strebe nun schon viele Jahr'
Nach einem Platz am Hofe unser's Königs;
Es war von je mein höchster Wunsch im Leben,
Und könnt' ich es im Alter noch erreichen,
Mich dieser hohen Ehre zu erfreu'n,
Ich brächte willig jedes Opfer dar.
An Geld und Gut hab' ich genug errungen,
Nur Glanz und Ehre fehlt noch meinem Namen,
Ein Amt, ein Titel an des Königs Hof.
Die Mittel, die bisher ich angewendet,
Sie waren fruchtlos, doch ich weiß gewiß,
Es steh'n geheime Feinde mir entgegen,
Man fürchtet mich, man fürchtet meinen Geist;

Ich bin ein reicher Mann, und mein Verdienst
Wird mich — wenn es der König erst erkannt —
Gar schnell und hoch in seine Gnade bringen:
Das wissen meine Feinde, fürchten sie. —
D'rum hab' ich einen schlauen Plan erdacht,
Der zum erwünschten Ziele führen muß:
Sieh', da der König große Summen spendet
Für Bilder und für jene Malerschulen,
Die — Don Velasquez hier in's Leben rief,
Thun's ihm die Großen und die Reichen nach;
Doch zeigte Keiner noch so hohen Sinn,
Noch so großherzige Verehrung ihm,
Daß er in treuergebner Huldigung,
Den einz'gen Erben ihm geopfert hätte,
Zum Künstler ihn gemacht, wie ich's gethan!

(Der erste Page geht hinten im Garten, von Links kommend, quer über die Bühne.)

| 1. Page geht von Seite Links kommend hinten quer über die Bühne.

Und solchem Opfer kann der Lohn nicht fehlen!
Alvaro. So muß ich denn, um Euch nicht zu erzürnen,
Mich schon bequemen, und ein — Künstler werden.

Fünfte Scene. Die Vorigen. Calderon und erster Page

(im Garten von Seite Rechts kommend; sie bleiben hinten).

Calderon und 1. Page kommen von Seite Rechts im Garten und bleiben im Hintergrunde.

Calderon. (zum Pagen) Velasquez nicht daheim? das wundert mich!
1. Page. Wenn Ihr sogleich den Meister sprechen wollt,
So findet Ihr im Garten ihn, am Weiher.

Page. Calderon.
Quexaba. Alvaro.

Alvaro. (zu Quexaba leise) Das ist Don Calderon, der größte Dichter,
Der Aller Liebe sich durch seine Verse,
Und mit dem Schwerte Heldenruhm errungen!
Quexaba. (verächtlich) Das wär der vielgepries'ne Versemacher?
Hm! Stolz und vornehm, das ist so die Art.
Calderon. Ist er allein und unbeschäftigt?
1. Page. . . . . Nein.
(lächelnd) Er hält die Wache bei Señor Valtero,
Der zeichnet dort die schlafende Maria.
Calderon. Was zeichnet er?
1. Page. . . . . Die schlafende Maria.
Ihr kennt sie wohl; kennt doch in ganz Madrid
Das schöne Blumenmädchen jedes Kind.
Calderon. Wohl kenn' ich sie. Ein lieblich Angesicht,
In dem sich Frömmigkeit mit Unschuld paart;
Ein Vorwurf ist's, des Meisters selber würdig!

Quexaba. (zu Alvaro leise) Des Meisters selber würdig! Merke Dir's,
            Ein großer Meister malt nur schöne Köpfe.
1. Page. Valtero fand sie unerwartet dort,
            Auf weichem, grünem Rasen eingeschlummert,
            Das Haupt an einen Baumstamm angelehnt,
            Deß' Zweig' das schöne Angesicht beschatten.
            Die Blumensträuße lagen ihr im Schooß
            Und in dem Körbchen, und aus ihren Händen,
            Die fromm sie zum Gebet gefaltet, blickte
            Bescheiden noch ein duftend Veilchen vor.
Calderon. (lächelnd) Du schilderst gut, mein Knabe. Weiter, weiter.
1. Page. (lächelnd) Just wollte sich Valtero niederbeugen,
            Um —
Calderon.... Nun?
1. Page....... Ein Küßchen von dem Rosenmund —
Calderon. Zu stehlen? Ja, das sieht Valtero ähnlich.
1. Page. Der Meister kam dazu, schob ihn zurück,
            Ließ einen neubespannten Rahmen holen,
            Befahl dem jungen Herrn nun ungesäumt
            Die Gruppe auf die Leinewand zu zeichnen;
            Hinzu noch fügend, daß den Straf-Sermon
            Er unter der Bedingung wolle schenken,
            Wenn seine Kunst die Unart gut gemacht.
Quexaba. (leise zu Alvaro) Aha, das merk' Dir, und nimm' Dich in Acht.
            Ein Maler darf kein schlafend Mädchen küssen.
Calderon. Nun, und Valtero?
1. Page........... Ei, der zeichnet emsig,
            Doch schwerlich wird die Arbeit ihn erretten:
            Der Meister schüttelt lächelnd stets das Haupt.
            Wenn Ihr hinabgeht, tretet leise auf,
            Sonst könntet Ihr die Schlafende erwecken.
              (Ab in den Garten nach Seite Rechts.)
Calderon (nimmt einen Stuhl, welcher vor dem großen Bilde steht, zieht ihn
            zurück und stützt sich nachlässig auf die Lehne, das Bild betrachtend)
            Ich warte hier auf ihn. — Ah, brav mein Freund,
            Ein neuer Bürge der Unsterblichkeit!
Quexaba. (nachdem er verstohlen auf Calderon geblickt, macht ungeschickt das-
            selbe Spiel vor Einem der Bilder auf der andern Seite).
            Ein Meisterstück! das macht ihm Keiner nach!
            Ein wahres Meisterstück!
Calderon......... (umblickend) Sieh da, Gesellschaft!
            Senores, Ihr vergebt, wenn ich Euch störe.
Quexaba. (immer etwas aufgeblasen) Hat gar nichts zu bedeuten, bitte sehr.
Calderon. Ihr wartet auf den Meister?
Quexaba............... Ja, so ist's.

1. Page ab in den Garten nach
    Seite Rechts.

Calderon.

  Quexaba.

            Alvaro.

                    Alvaro.
Calderon.   Quexaba.

Calberon. Wenn meine Gegenwart nicht lästig ist,
So leist' ich, bis die bess're kommt, mit Freuden
Gesellschaft Euch.
Quexaba. . . . . O, Ihr beliebt zu scherzen.
(pathetisch) Ganz Spanien würde mich darum beneiden,
Wüßt' es, daß ich in diesem Augenblick
So nah' dem weltberühmten Dichter stehe.
Calberon. (lächelnd) Ihr seid sehr gütig. Gerne möcht' ich wissen,
· Wem ich die Unart abzubitten habe,
Daß ich nicht gleich mich selber vorgestellt.
Quexaba. (versteht ihn nicht, und sieht Alvaro an)
Alvaro (zwischen Beide tretend) Senor Quexaba, mein geliebter Oheim,
Mein zweiter Vater, dem ich Alles danke —
Quexaba. Der reichsten Männer Einer in Madrid.
Calberon. Mich freut's, Senor, und herzlich dank' ich Euch,
Daß mit dem schönsten Theil von Euren Schätzen,
Dem Edelsten Ihr mich bekannt gemacht.
Quexaba. Dem schönsten Theil? Ei, Don, wie meint Ihr das?
Dem Edelsten? Das wär'?
Calberon (legt die Hand auf Alvaro's Schulter) Ein dankbar Herz;
Das ist, Senor, ein unschätzbares Kleinod.
Die Seltenheit giebt ihm so hohen Werth,
Und glücklich mag sich der Besitzer preisen.
Quexaba. Ja, Ihr habt Recht. Er ist ein wad'rer Junge,
Hat alle meine Sorge reich vergolten,
Und wird noch Ehre unser'm Namen bringen.
Von Jugend auf war er ein ächtes Muster
An Tugend, Sanftmuth und an Folgsamkeit.
Alvaro. Der Oheim scherzt. Ich war ein wilder Bube,
Der manches Kleid zerrissen heimgebracht,
Wenn unsre Schlachten muthig wir gekämpft.
Calberon. Ha! Schlacht und Kampf! Da offenbarte sich
Schon früh in Euch die Lust an Waffenklang.
Seid Ihr der Neigung immer treu geblieben,
Und würdet Ihr, rief' einst das Vaterland,
Das Schwert für Gott und Euren König zieh'n?
Alvaro. (sich vergessend) Ach, könnte ich — (sein Blick fällt auf Quexaba,
er schweigt plötzlich.)
Quexaba. . . . . Er denkt nicht mehr daran!
Wie sollt er auch? Ich bin ein reicher Mann,
Er ist mein Erbe. Tollheit wär' es ja,
Von Schwertern oder mörderischem Blei
Zerhacken und zerschießen sich zu lassen.
Wir streben einem andern Ruhme nach.
Er soll ein Maler werden.

Calberon.   *Alvaro*
                    Alvaro.
                    Quexaba.

Calderon. . . . . Maler?
Quexada. . . . . Ja,
  Und ein berühmter Künstler obendrein.
Calderon. Soll Künstler werden? Nun ich wünsche Glück.
  Stimmt Eurem Wunsch, des Jünglings Neigung bei?
Alvaro. (zögernd) Gewiß, des Oheims Wunsch ist mir Gebot.
Calderon. (erkennt an Alvaro's zögernder Antwort die Unwahrheit des Alten)
  Wie hoch ich den Gehorsam auch verehre,
  Der sich des Oheims Wunsch so willig fügt,
  Muß ich Euch dennoch rathen, junger Mann,
  Mit Vorsicht prüft, eh' Ihr die Bahn betretet.
  Hier kann nur innerer Beruf entscheiden,
  Nicht blinde Folgsamkeit. Wenn Ihr im Herzen
  Nicht jenen heil'gen Funken fühlt entbrennen,
  Nicht ein Gefühl, das unaufhaltsam treibt,
  Das alles And're Euch gering läßt achten,
  Was auch an Glanz die Welt Euch bieten könnte;
  Dann bleibet fern, Ihr hättet an der Kunst,
  Die Kunst an Euch das Kleinste nicht gewonnen.
Quexada. (tritt zwischen Beide, leise zu Calderon)   Calderon. Quexada. Alvaro.
  Verschont uns, bitt' ich, mit dergleichen Reden,
  Ihr macht mir sonst den Jungen todesangst.
  Ich hab' mir's einmal in den Kopf gesetzt,
  D'rum muß es geh'n, es koste was es wolle.
  Ich bin ein reicher Mann, und kann's bezahlen.
Calderon. Ich sagte meine Meinung nur, Senor.
  D'rum zürnt mir nicht; auch Ihr nicht, junger Mann,
  Ihr habt die freie Wahl, wählt mit Bedacht!
Alvaro. (indem er ihm näher tritt) Euch zürnen? O Ihr scherzt,
            Don Calderon.
  Wir sind zu heißem Danke Euch verpflichtet.
  Wenn auch der weise Rath, den Ihr gegeben,
  Nicht völlig zu des Oheims Meinung stimmt, —
  So wiß't Ihr doch, daß unter'm span'schen Himmel
  Euch jedes Herz in Liebe zugethan.
Calderon. Mich freut dies Lob, und doppelt freut es mich,
  Aus kräftig jugendlichem, frischem Herzen
  Es zu vernehmen. (Beide sprechen leise weiter.)   Calderon. Alvaro.
Quexada. (ist wieder auf die andere Seite gekommen, bei Seite)
  . . . . Möchte doch der Satan   Quexada.
  Den Versemacher holen, er berückt
  Den guten Jungen mir am Ende noch,
  Und wirbt ihn an für seine Dichtereien;
  Lehrt ihn Komödien und Lieder machen.
  Komödien! Das wär' mir eben recht!

Nichts da, mein Herr Poet! — Am besten ist's,
Ich gehe mit Alvaro jetzt davon
Und komme, wenn der nicht zugegen ist.
(laut) Da wir den Meister jetzt nicht angetroffen,
Alvar, so kommen später wir zurück;
Auf Wiedersehen, Don.

Alvaro. . . . . . . (zu Calberon) So lebt denn wohl.
(leise) Gern hätt' ich Euch mein ganzes Herz eröffnet,
Doch der Gehorsam bindet mir die Zunge.

Calberon. Es wird sich wohl Gelegenheit noch finden,
Die uns einander näher führt.

Quexaba. (indem er Alvaro unter den Arm faßt) Gewiß.
(bei Seite) Er will ihn werben, 's ist kein Zweifel mehr;
Daß der Poet doch gleich beim Teufel wär'!

(Zieht Alvaro durch die Seitenthüre Seite Rechts mit ab.)

Quexaba Alvaro ab durch
Seitenthür Seite Rechts.

Sechste Scene. Calderon (allein).

(Den Abgehenden nachblickend, lächelnd.)
Daß mancher Unberufene sich dränget
In jenen heil'gen Tempel, dessen Pforten
Auf ewig ihm verschlossen bleiben sollten,
Hat die Erfahrung mich schon oft gelehrt.
Doch seltsam will mich dieser Fall bedünken,
Denn deutlich ist des Jünglings inn're Neigung
Des Alten Wunsch entgegen. — Sonderbar! — (Pause)
Wie doch das Leben stets Contraste zeigt! —
So Mancher, der des Fleißes Frucht errungen
Durch Thätigkeit und Treue im Beruf,
Ist ernst bestrebt, der Kunst und Wissenschaft
In seinen Hallen ein Asyl zu bieten;
So, lernend, und alsdann belehrend wieder,
Wohlthätig bildend weiter zu verbreiten
Die schöne Saat für's kommende Geschlecht.
Dann bringet Segen, der gespendet wird,
Dem Spender tausendfält'gen Segen ein.
Jedoch, wem jedes edle Streben fremd,
Wer nur auf Reichthum pocht, wie dieser Thor,
Wer anderes Verdienst nicht anerkennt,
Als jenes, welches ihm aus vollen Säckeln,
Aus wohlgefüllten Kisten glänzt entgegen:

Der achtet übermüthig nicht die Schranken,
Die Geist und Bildung ihm entgegenstellt. —
Dies Lied — schon unsre Väter hörten's singen,
Auch unsern Enkeln wird es einst erklingen.
(Geht zu den Bildern, nach einer k. Pause hört man Velasquez lachen, welcher gleich darauf eintritt.)

Siebente Scene. Calderon. Velasquez. Valtero (hat die Skizze auf einen kleinen Rahmen gespannt, in der Hand; kommen aus dem Garten von Seite Links.)

Calder. Velasquez. Valtero.

Velasq. (lachend, im Eintreten zu Valtero)
  Ein ander Mal bezwing' die Lüsternheit
  Nach einer Frucht, die nicht für Dich gereift. —
  (Sieht Calderon) Willkommen, Freund! Sagt' Euch mein
  Page nicht,
  Daß wir im Garten waren?
Calderon............. Allerdings,
  Doch glaubte ich durch meine Gegenwart
  Valtero's Fleiß zu stören. (zu Valtero) Nun, wie steht's?   tritt an Velasquez vorüber zu
  Wird Euer Pinsel bald ein Zeugniß liefern,   Valtero.
  Daß glücklich Ihr beim Studium der Natur
  In der Modelle Wahl zu nennen seid?
Valesq. Ihr wißt darum?   Velasquez.
Valtero......... Der Page hat geplaudert,
  Doch er soll's büßen, wenn ich ihn erwische.   Calderon.
Calder. Zürnt nicht auf ihn, denn nur auf meine Frage
  Nach Eurem Meister, gab er mir Bericht   Valtero.
  Von Eurer Neigung nach verbot'ner Frucht.
  Ist es vergönnt, die Skizze zu betrachten?
Valtero. Vergebt! — (tritt mit der Skizze zurück)
Calder......... Ich kenne das Original
  Und wär' begierig recht genau zu prüfen,
  Ob dem Gesichte Ihr in allen Theilen
  Gleichmäßige Gerechtigkeit erwiesen;
  Ob nicht vielleicht die weichen Rosenlippen
  Verräth'risch von des Künstlers Naschsucht zeugen.
Valtero. Nun ja, — es war — ein toller, dummer Streich.   geht an Calderon vorüber zu
  (zu Valesquez) Gebt mir die Hand, vergeßt es, und zur   Velasquez.
  Strafe   Velasquez. Valtero. Calder.
  Will ich — ja, ich versprech' es Euch, — kein Mädchen —
  Und wär' sie eine Venus, — wieder küssen,
  Wenn sie —

Calber. . . . . (lächelnd) Wenn sie nicht selber darum bittet?
Baltero. Da könnt' ich lange warten. Keine bittet
Um einen Kuß, so sehr sie oft ihn wünschen.
Stets wissen sie es so geschickt zu machen,
Daß wir die Bettler sind und sie die Geber.
Oft treiben sie uns, mit Gewalt zu nehmen,
Was zu verweigern sie nicht Willens sind;
Und machen von der Kraft wir dann Gebrauch,
So thun sie schwach und wehrlos, wie ein Lamm.
Nein, Meister, ich gelob's und werd' es halten:
Geküßt wird Keine — die ich schlafend finde,
Doch — alle Wachenden, das ist nicht Sünde!
(Läuft lachend ab in den Garten nach Seite Rechts.)

Baltero ab in den Garten nach Seite Rechts.

Achte Scene. Vorige (ohne Baltero).

Belasq. (lachend) Ha, ha! Da springt er hin! Ein wildes Füllen!
Calber. Jedoch von edler Art, will mich bedünken.
Belasq. Das ist er, ja; wiewohl ein wenig flüchtig,
Ist Herz und Geist doch an der rechten Stelle,
Und sein Talent ist wahrhaft schätzenswerth.
D'rum seh' ich manchen kleinen Fehler nach,
Der aus dem feurig, jugendlichen Blute
Hervor sich drängt.
Calber. . . . . Wer wollte auch die Jugend
Schon in des Mannes ernste Gränze zwingen?
Dies Recht gebührt der Zeit, — sie pflanzt die Sorge,
Sobald nun ihre Vollmacht gültig ward,
So in des Königs, als des Bettlers Brust.
Dort reift die Frucht und trägt ihr den Tribut,
Und keine Macht der Erde kann sich lösen
Von dieser Zahlung, da mit der Geburt
Zugleich der Schuldbrief unterschrieben war.

Neunte Scene.

Die Vorigen. Juan, Petro, Antonio, Diego, Bustos, Ambrosio
(kommen aus dem Garten von Seite Rechts).

Petro. (zu Juan) Da ist der Meister. (zu Velasquez) Juan will
Abschied nehmen,
Sein Herr kam diese Nacht zurück.

Alle kommen aus dem Garten von Seite Rechts.

Diego. Bustos.
Petro. Juan. Antonio.
Velasquez. Ambrosio.
Calberon.

Juan. Ja, ja Senor, Juan muß nun Abschied nehmen
　　　Von Euch und all den lieben Bildern hier.
Belasq. Das thut mir leid, ich werde Dich vermissen.
　　　Wie lange ist es, daß von früh bis spät
　　　Du bei der Arbeit freundlich mir gedient?
Juan. Drei Jahre sind's, Senor. An jenem Tage,
　　　Als Don Pareja, mein gestrenger Herr,
　　　Das letzte Mal zu seinem Bild Euch saß,
　　　Und Tags darauf zur See nach England zog,
　　　Kam ich zum ersten Mal mit ihm hieher.
　　　Ihr war't so gnädig mit dem armen Sclaven
　　　Und gönntet ihm die Freude, Eure Bilder
　　　So — anzuseh'n, und — wieder anzuseh'n,
　　　Daß er mit Mühe nur sich trennen konnte.
　　　Und als Ihr Tags darauf mich wieder fandet,
　　　Bewußtlos, träumend vor den Bildern stehen, —
　　　Da habt Ihr meiner Frechheit nicht gescholten,
　　　Mich nicht gezüchtigt, wie ich es verdient,
　　　Weil unberufen ich mich eingedrängt.
　　　Ja, als zu Euren Füßen ich um Gnade
　　　Und um Vergebung bat, habt gütig Ihr
　　　Mich aufgerichtet, und mit sanfter Stimme
　　　Spracht Ihr: „Wenn Du so sehr Gefallen findest
　　　An meiner Kunst, so sei es Dir vergönnt,
　　　So oft Du kannst und willst, Dich zu erfreu'n." —
　　　Nun stand ich täglich, wie der Morgen graute,
　　　An Eurer Pforte, ungeduldig harrend
　　　Des Augenblicks, der sie mir öffnen würde.
　　　Und wenn die Schüler dann zur Arbeit kamen,
　　　Hatt' ich schon Alles sorgsam hergerichtet,
　　　Die Pinsel, die Paletten und die Farben,
　　　Ganz nach der Art, wie Ihr's den Schülern lehrt.
　　　Ihr saht dann mit zufried'nem Blick umher,
　　　Spracht zu dem einen, zu dem andern Schüler,
　　　Den Fleiß belobend, — lehrend, wo gefehlt,
　　　Und tratet selbst dann hin zur Staffelei. —
　　　Ach, das war eine schöne, schöne Zeit!
Calder. (zu Belasquez) Ich glaubte stets, er sei in Eurem Dienst.
Juan. Nicht wahr? Nicht wahr?! — Der Meister ist so gut,
　　　Er war mir freundlich stets und wohlgewogen,
　　　Hat mir erlaubt die Farben ihm zu reiben,
　　　Die Pinsel rein zu halten, ja sogar
　　　Ihn bei der Arbeit immer zu bedienen.
　　　So brachte jeder Tag mir neue Freude,

jetzt kommt Juan vor, in die vordere Linie.

Und ungestört konnt' ich mein Glück genießen;
Denn, zeigte ich in dem Palast des Herrn
Nur früh' am Morgen und am Abend wieder,
Daß nicht entlaufen der Mulatte sei,
So ließen sie mich ungehindert ziehn.
(mit Wärme) Ich habe manches Bild entstehen sehn.
Vom ersten Anbeginn, wie mit der Kohle
Der Meister seine Zeichnung machte, sah,
Wie er nachdenkend oft das Bild entwarf;
Sah, wie er prüfte, dann mit sich'rer Hand
Dem Werke immer neue Farben gab,
Bis es vollendet, lebend vor ihm stand! —
Das Alles sah ich, und ans meinen Augen
Drang oft, — warum, wußt' ich mir nicht zu sagen, —
Ein Thränenstrom gewaltsam sich hervor.
Ich schlich dann heimlich fort, ging in den Garten,
Um ungestört die Wohlthat zu genießen,
Die meiner armen Seele war vergönnt.
Dann sucht' ich Abends, wenn ich heimgekehrt,
Den dunklen Winkel in dem Stall mir auf
Und warf mich still auf meine Matte nieder.
Wenn nun der Schlummer meine Augen schloß,
Umfingen sanfte Träume meinen Geist;
Sie führten mich in eine neue Welt,
Und überall, wohin mein Auge fiel,
Erkannte ich ganz deutlich Euch, Senor,
Denn wie auch oft der Körper still geruht,
So war doch, wie im Wachen, so im Traume
Stets des Mulatten Herz bei Euch.
 (Wirft sich zu Velasquez Füßen.)
Velasq. . . . . (hebt ihn auf) Nicht so,
Juan! Steh' auf. Du hast mir nicht zu danken.
Mich aber hast zum Danke Du verpflichtet
Durch wahrhaft fromme Liebe zu der Kunst,
Die Deine Gegenwart so werth mir machte.
Ich werde wahrlich stündlich Dich entbehren,
Und Deiner Treue herzlich stets gedenken.
Calber. (hat mit Ambrosio und Antonio gesprochen, geht jetzt zu Bustos)
Im Dienst des alten Don Pareja?
Bustos. . . . . Ja,
Ein stolzer, aufgeblas'ner alter Herr;
Er hält ihn nur des eitlen Prunkes wegen:
Bei der Spazierfahrt muß auf der Carosse,
Und wenn er in dem Prado sich ergeht,
Juan im goldbetreßten Kleide prunken.

Zehnte Scene. Die Vorigen. Maria. Valtero.

Maria. (hinter der Scene) Ich sage, laßt mich! Laßt mich, sag' ich Euch! —
Valtero. (hinter der Scene) Ach Närrchen, sei nicht dumm! Du kömmst nicht los!
(Jetzt erscheint Maria, Valtero hält sie umschlungen. Maria hat einen Korb voll Blumen in der Hand. Sie stehen hinten in Mitte des Eingangs.)
Valtero. Her mit dem Kuß! (Maria will sich losringen und läßt dabei den Korb fallen. Die Blumen fallen heraus.)
Velasq. (verweisend) Valtero!
Valtero. . . . . (erschrickt, bei Seite) Hu, der Meister!
(für sich) Jetzt rüste Dich, Valtero! Der Sermon
Wird doppelt diesmal Dir gelesen werden.
(Er bleibt hinten stehen, Maria kommt vor.)
Maria. Ich bitte Euch, Señores, steht mir bei.
Valtero. (kommt langsam vor) Sie schlief wahrhaftig nicht, ich hielt mein Wort.
Velasq. Du weißt, wie sehr ich solche Streiche hasse,
Und weil ich manchen Leichtsinn Dir vergab,
So sündigst Du auf's Neue immerfort,
Nicht Rücksicht meiner Güt' und Nachsicht schenkend,
Die bald dem Ernste weichen wird.
Valtero. . . . . (mit gutmüthigem Humor) Nur zu!
Ihr habt ganz recht, ich habe es verdient,
Und wenn Ihr zürnt, so scheltet tüchtig mich.
Doch dann — vergebt: und ich gelob es Euch —
Mit allem Ernste will ich — es versuchen —
Ob Beß'rung möglich.
Maria. (ist während dem zurückgegangen und sammelt die Blumen wieder auf)
Ach, die schönen Blumen!
Er hat sie Alle, Alle mir zerrissen.
Valtero. Ich will den ganzen Korb Dir wieder füllen
Mit Blumen aller Art. (Geht an seine Staffelei und nimmt Pinsel und Palette)
Maria. . . . . Ei, was Ihr sagt!
Ich glaube gern, daß Blumen aller Art
In Euren Augen gleichen Werth besitzen,
Und Ihr die reine, schöne, ächte Blüthe
Nicht von dem Giftkraut wißt zu unterscheiden.
Mit rohen Händen reißt Ihr Alle ab!
Velasq. (zu Valtero) Dies Kind steht künftig unter meinem Schutz;
Du wirst Dich danach richten.
Maria. . . . . (zu Valtero) Merkt es Euch!

Calderon kommt zu Velasquez.

Jetzt erscheinen Beide von Seite Rechts kommend in dem Garten und bleiben draußen stehen.

    5 4   3 Valtero.
                  2
Calderon. Maria.
                    1
Velasquez.

1 2 3 4 5 sind Schüler.

Maria geht zurück und sammelt die Blumen wieder in ihren Korb.

geht vor Maria vorüber. Juan ist bewußtlos ganz nach vorne gekommen.

Baltero. (legt den Pinsel hin, behält Palette und Stock in der Hand; pathe-
tisch zu Maria)
 Ihr steht, Señora, unter einem Schutz,
 Der selbst dem Muthigsten die Schranke schließt!
 (kniet vor ihr) Hier leg' ich Schild und Schwert zu Euren
 Füßen
 Und weih' mich Euch zu treuem Ritterdienst,
 Bereit, mit Schwert und Lanze zu beweisen,
 Daß in ganz Spanien keine Rose blüht,
 Die neben Euren Wangen nicht erbleicht,
 Der Ocean Korallen nicht erzeugt,
 Die Euren Lippen — —
Maria. . . . . Nun ist's schon genug!
 (zu Velasquez) Ich eile fort zu meiner blinden Mutter.
 (zu Baltero) Ihr aber lasset künftig mich in Ruh' —
 Denn wollt Ihr wieder diese Unart wagen,
 So könnte ich Euch leicht zum Ritter schlagen.
 (Mit der Pantomime des Ohrfeigens.) —
 — Und, lieber noch als Euch, das mögt Ihr wissen,
 Viel lieber würd' ich — (auf Juan deutend) den Mulatten
 küssen!
 (Sie eilt ab, Baltero springt auf, indem er Palette und Stock nimmt.)
Baltero. Viel lieber den — Ach, das ist doch zu stark!
 Ich bitt' Euch, Meister, habt Ihr es gehört?
Velasq. Sie hat ganz recht, ich stimm' Ihr völlig bei.
Baltero. Ihr stimmet bei? O weh, nun ist es aus!
 (zu Calberon) Der Meister hat den Schönheitssinn verloren!
Calber. Ihr seid dagegen reich damit versehn.
 (zu Velasquez) Mich ruft die Pflicht. Auf Wiedersehen benn!
Velasq. Recht bald, so hoff' ich.
Calber. . . . . . . (zu den Schülern) Lebet wohl, Ihr Herrn!
 (Ab; Velasquez begleitet ihn und kommt zurück; zu Juan, der in Gedanken ver-
 sunken, ohne das Vorgehende zu beachten, legt die Hand auf seine Schulter)
Velasq. Nun, Juan!
Juan. (erschrickt) Was ist? — Vergebt, — ich gehe schon.
Petro. (zu Juan) Gieb mir die Hand, Du gute, treue Seele,
 Und nimm mein Wort, daß wir mit gleicher Liebe,
 Wie Du sie mir und Allen stets gezeigt,
 Für immer freundlich Dir ergeben bleiben.
Baltero. (packt Juan an beiden Schultern, mit Wehmuth, die er zu bekämpfen
 sucht) Die streng geschied'ne Farbe, die wir tragen,
 Hast künstlich Du auf Deinem Stein verrieben,
 Und unsern Herzen einen Ton gegeben.
 (Er reißt ihn an die Brust; Juan will reden, vermag es aber nicht; er ergreift
 die Hand der ihm zunächst stehenden Schüler.)

Calber. 5   1 2   3

Velasq. Maria. Balter.
                        4
Juan.

1 2 3 4 5 sind Schüler.

Maria ab in den Garten nach
 Seite Links.

Calberon geht ab.

              Antonio
Diego. Bustos.   Ambrosio.
         Balter.
Petro. Juan.
          Velasquez.

NB. Der egoistische Antonio beschäftigt
 sich ohne weiteren Antheil an Juan zu
 nehmen.

Bustos. Leb' wohl, Juan!
Diego und die andern Schüler. Vergiß uns nicht!
Juan. . . . . (unter Thränen) Lebt wohl!
Valtero. Ei, mach' uns doch den Abschied nicht so schwer,
Es ist ja keine Trennung für das Leben.
Wahrhaftig, meine Augen werden feucht, —
(sucht seine Bewegung zu besiegen)
Das darf nicht sein! — Wir sehn' uns wieder, Juan!
Juan. (drückt dankbar Valtero's Hand, stürzt dann zu Velasquez Füßen.)
Velasq. (hebt ihn auf, legt die Hand auf sein Haupt)
Der Herr sei mit Dir, und beschütze Dich!
Juan. (eilt zu den Schülern, faßt deren Hände, sieht auf die Bilder, eilt dann zu Velasquez, küßt ihm die Hand)
Mein Herz — ich kann — nicht reden — (zu Allen) Tausend Dank!
(Er stürzt ab; Gruppe.)

Ende des ersten Actes.

Zweiter Act.

Die nämliche Decoration.

Erste Scene.

Velasquez (allein, er sitzt am Tisch Seite Links, liest in einem Manuscript,) [Das Leben ein Traum].

   „Wenig kann das Glück uns geben,
   „Denn ein Traum ist alles Leben,
   „Und die Träume selbst ein Traum!" — (Kl. Pause)
Wohl hast Du recht mein edler, weiser Freund:
Das Glück ist wandelbar, es kommt und flieht,
Wie es in seiner Laune ihm gefällt.
Wir halten's nicht, wie wir den Traum nicht halten,
Der oft uns schönes, wahres Leben zeigt —
So wahr, daß wir in Zweifel leicht gerathen,
Ob unser Leben selbst nicht auch ein Traum.

auf dem Tisch liegt der Hut des Velasquez.

Zweite Scene.

Velasquez. Calderon (kommt durch die Thür Seite Rechts)

Calder. (sieht, wie Velasquez im Nachdenken ist) Stör' ich vielleicht?
Velasq. . . . . Welch' eine Frage! Ihr?
Calder. Ei nun, mein Freund, ich weiß, es giebt doch Stunden,
In denen Einsamkeit dem Künstler heilig;
Wird sie zerstört, so flieht der Genius,
Und keine Mittel giebt's, ihn zu versöhnen:
Wir müssen warten, bis es ihm gefällt,
Sich wieder freundlich bei uns einzustellen. —
Doch nun erfahret, was mich hergeführt.
Es läßt Euch Se. Majestät verkünden,
Daß eben ein Besuch erschienen sei,
Aus fernem Land, den lange Ihr ersehnt.

Velasquez. Calderon.

Velasquez legt das Buch hin und steht auf.

Belasq. Aus fernem Lande — ein Besuch — wie, sollte —
          Rubens?
Calber. . . . . . Ja, Rubens, Euer Ideal!
          Als Abgesandter seines Vaterlandes
          Wird er an unf'res Königs Hof erscheinen,
          Der Mann, als Staatsmann und als Künstler groß!
          Es will der König, daß mit allen Ehren
          Der edle Gast hier ausgezeichnet werde;
          Darum soll Morgen auch die Preisvertheilung,
          Die Se. Majestät geruhte zu bestimmen
          Den besten Leistungen aus Eurer Schule,
          Nicht ohne Rubens Gegenwart gescheh'n.
          Der Königliche Wirth will seinen Gast,
          Den Künstlerkönig, selber dann ersuchen,
          Das Richteramt statt seiner auszuüben.
Belasq. (froh erregt) Rubens soll richten? Diese frohe Kunde
          Muß noch den Schülern ein Geheimniß bleiben.
          Die Nachricht hat so freudig mich erregt,
          Und, — glaubet mir, — zugleich besorgt gemacht,
          Ob ich vor seinem Urtheil auch bestehe.
Calber. Ihr seid besorgt? Ist Rubens nicht ein Künstler? —
          Wenn sich auf ächtem, wahrem Künstlergange
          Zwei Geister treffen, die in Harmonie
          Nach einem Ziele streben, deren Werke,
          Der Welt vollgült'ges Zeugniß abgelegt,
          Wie sie des hohen Ruhmes würdig sind,
          Dann öffnet Beiden sich das Herz, und freudig
          Vereinen in gerechter Anerkennung
          Sich große Seelen! — Solch ein Augenblick
          Bringt dann Ersatz für manche bitt're Stunden.
          Wird auch der Blick durch eine düst're Wolke
          Auf's Neu getrübt, so zeigt sie, unser Leben
          Sei ew'ger Wechsel nur von Freud' und Leid,
          Sei eine große, inhaltschwere Lehre,
          Die wir nicht fassen, deren Offenbarung
          Für — — eine andre Zeit uns vorbehalten.
Belasq. Wohl ernste Wahrheit liegt in Eurem Wort;
          Fürwahr, Ihr habt das Leben tief ergründet.
Calber. Ergründet? — Nein, das ist zu viel gesagt.
          Wer darf behaupten, daß vor seinem Blick
          Des Lebens Räthsel offen sich enthüllt?
          Dem schwachen Menschengeist ist nur vergönnt,
          Die eine große Wahrheit zu erkennen,
          Daß unser Erdenglück ein leerer Schein,
          Daß Alles schwinden wird mit diesem Traum,

     Den wir hienieden träumen, und, erwachend
     Zum wahren Leben, wird es erst uns klar,
     Daß dieser Traum nur unser Lehrer war.
Velasq. (hat das Manuscript genommen und liest mit Beziehung; lächelnd)
     „Wenig kann das Glück uns geben,
     „Denn ein Traum ist unser Leben,
     „Und die Träume selbst — ein Traum!"
Calber. (lächelnd) Ihr macht mich selbst zum Echo meiner Worte.
     Erkennt, wie schwer das Vaterherz sich trennt
    . Von seinen Lieben, wenn die Zeit gebeut.
     Mit Sorge blickt es auf den schwanken Kahn,
     Der auf den Wellen, die der Zufall kräuselt,
     Sein Liebstes soll zum sichern Port geleiten.
     Nun sprecht, habt diesem Jüngsten meiner Kinder
     Ihr freundlich einen Blick geschenkt?
Velasq. . . . . Ich habe.
Calber. Und — redet offen, wie Ihr stets gethan, —
     Seid mit der Lehre, die ich aufgestellt,
     Ihr einverstanden?
Velasq. . . . . Einverstanden nur?
     Erlaßt mir's, Euch den Eindruck zu beschreiben.
     Ich habe (auf das Manuscript deutend) Euer Leben durch-
                  gelebt
     Mit Euch, ich habe Eures Lebens Traum
     Mit Euch geträumt, und uneins bin ich jetzt,
     Ob ich im Dichter mehr den frommen Christen,
     Ob ich im Christen mehr den Dichter liebe.
     (Ergreift Calderon's Hand; Calderon drückt sie)
Calber. Ihr habt des Dankes viel von mir zu fordern,
     Denn liebevoll habt Ihr Euch stets bemüht,
     Mich selbst in meinen Werken zu ergründen.
     Wenn oft mich bange Dichtersorge quälte, —
     Denn wer es redlich meint, genügt sich schwer, —
     — Fand ich bei Euch stets Muth und Ruhe wieder.
Velasq. Das waren Grillen einer trüben Stunde!
     Es hat die Welt gerechte Forderung
     An Euch, an Euren Geist, und sie erwartet
     Noch schöne, edle Früchte Eures Fleißes.
Calber. Die Welt? Sie weiß nichts von den Zweifelsqualen,
     Die in dem Herzen eines Dichters kämpfen.
     Sie ist zufrieden, wenn sein Genius
     Die Zeit ihr kürzt, und über kleine Sorgen
     Des ernsten Lebens leicht hinweg sie trägt.
     Doch manches Lied, das seiner Brust entglommen, —
     Das eine fromme Andacht nur gebar,

Das in ein neues Heiligthum ihn führte,
Wenn seine Engel freundlich ihn umschwebten, —
— Läßt oft die Welt an sich vorüberzieh'n
Gleichgültig, kalt, und gänzlich unbeachtet,
Weil es — nicht prunkvoll ihr ins Auge fällt.

Belasq. Als Anwalt Eurer Mitwelt bitt' ich Euch,
Folgt mir, wenn mit des Mondes Silberschein
Uns milde Kühlung in das Freie ruft,
Hinaus auf's Feld, wo Euch aus jedem Busch,
Aus jedem Garten zu der Mandoline
Die wohlbekannten Worte frommer Lieder
Zu Ohren bringen, Euch zu überzeugen,
Daß Eure Mitwelt Nachruhm Euch bereitet.

Calder. Nachruhm! — Da liegt das Räthsel, dessen Lösung
Erst kommenden Geschlechtern vorbehalten.
Die Gegenwart, wie hoch sie auch den Künstler,
Den Dichter stellen mag, sie ist nicht Bürge,
Ob jene Lösung unser Streben krönt.
Denkt der antiken Kunst, wie sie verschwand,
Als einst der Römer kräft'ge Bürgertugend
In Sinnlichkeit und Ueppigkeit erlag,
Und so den Fall des Reiches nach sich zog.
Wer steht uns nun dafür, ob einst die Zeit
In Ihrem Umschwung nicht auf's Neu' vernichte,
Was selbst sie Gutes, Schönes einst gebar?
Ob sie dem Irrthum nicht die Thore öffnet,
Ob Nahrung suchend, Sitte und Geschmack
Aus ihrer Brust nicht Gift, Verpestung saugen!

Belasq. Weg mit den trüben Bildern, weg damit!
Was wahrhaft Groß und Schön und Edel ist,
Giebt keine Zeit so leichten Preises auf.
Ja, wenn auch einstens hohle Ephemeren,
Aus Schlamm und Sittenlosigkeit gepaart,
Das freche Haupt hervorzustrecken wagen,
Sie werden, glaubt mir, nimmer Wurzel schlagen;
Doch treue Pflege wird den Gaben werden,
Die unsern Enkeln einst als Zeugniß dienen,
Daß Eure Muse auf den Weg des Reinen,
Des Schönen und Erhabenen zum Ziel
Des Ruhms und der Vollendung Euch geführt.

Calder. Ich danke Euch! — Zum König muß ich jetzt,
Ihm melden, daß Ihr unterrichtet seid.

Belasq. Könnt' Rubens ich begrüßen, folgt' ich Euch.

Calder. Er ist beim König.

Belasq. . . . . So geleit' ich Euch
          Bis hin zum Schloß. Ich muß hinaus in's Freie.
          (Nimmt den Hut. Calderon nimmt Belasq. Hand)
Calber. (lächelnd) Ihr seid ein guter Arzt, für Eure Kranken
          Seid mit den besten Mitteln Ihr verseh'n.
          (Beide Arm in Arm ab in den Garten, nach Seite Rechts.)

            Beide ab in den Garten, nach
            Seite Rechts.

Dritte Scene. Quezada, Alvar, 2. Page
(kommen durch die Thür von Seite Rechts).

            2. Page. Alvaro. Quezada.

2. Page. (geht voran) Wenn's Euch gefällig, tretet nur herein.
Quezada. (schiebt Alvaro hinein) Vorwärts, Alvar! (zum Pagen) Kommt
                     wohl der Meister bald?
2. Page. (hat gleich nach dem Eintreten sich nach Velasquez umgesehen)
          Soeben war er hier, (sieht in den Garten) dort gehen Beide,
          Er und Don Calderon; d'rum wartet nur,
          Er kehret bald zurück. (Ab in den Garten, nach Seite Rechts.)

            Page ab in den Garten, nach
            Seite Rechts.

Vierte Scene. Quezada, Alvaro.

Quezada. . . . ., Nun, Gott sei Dank,
          So hab' ich den verwünschten Versemacher
          Doch nicht zu fürchten. (zu Alvaro) Laß den Kopf nicht
                       hängen;
          Frisch, munter sollst Du sein.
Alvaro. . . . . Ich möchte gern,
          Doch fürchte ich —
Quezada. . . . . . . (verdrießlich) Was ist da noch zu fürchten?
          So sei doch dreist, dann wirst Du bald erfahren,
          Daß diese ganze Kunst, wie alle Künste,
          Nur Menschenwerk ist und nicht Hexerei.
          Sie malen, — wie es heißt, — nach der Natur.
          Was ist denn da Bewundernswerthes d'ran?
          Ein Jeder weiß, daß, was sich roth ihm zeigt,
          Was gelb und weiß, was grün und blau und schwarz,
          Er mit der rothen, mit der gelben, weißen,
          Mit grüner, blauer, schwarzer Farb' muß malen.
          Nur hat ein Jeder von den Hochgerühmten
          So — seinen eig'nen Handgriff bei der Arbeit:
          Zum Beispiel, wo den Farbentopf er stellt,
          Ob rechts, ob links; wie er den Pinsel faßt,

            Quezada geht an Alvaro
             vorüber.

            Quezada.   Alvaro.

Wie er ihn eintunkt, und wie er ihn hält,
Wie er die Farbe auf die Lein'wand streicht,
Wie er Figuren, Bäum' und Thiere malt;
Kurz, — wie das ganze Bild er fertig macht.
Das heißt dann vornehm: die — und die Manier!
In der Manier liegt ja die ganze Kunst,
Und hast Du die erst durch und durch begriffen,
Ist die Manier Dir zur Natur geworden, —
Bist Du ein Künstler, das ist abgemacht!

Alvaro. (seufzend) Nun denn, in Gottes Namen, sei's darum!
Quexada. Bequeme Dich, Du wirst es nicht bereu'n.
(schlau) Ich kaufe alle Bilder, die Du malst,
Und daß sie hoch im Preise stehen sollen,
Sei meine Sorge. Auftrag geb' ich Jedem,
Der nur mit Bildern handelt — doch geheim,
Daß Keiner von des Andern Auftrag wisse, —
Ein Bild von Deiner Meisterhand zu kaufen.
So treiben sie einander in die Höh',
Und kostet's mich am End' auch große Summen:
Das schmerzt mich nicht, ich bin ein reicher Mann;
Kurz, Deine Bilder gehen reißend ab,
Und Ruhm und Ehre hast Du schnell gewonnen.
Der König hört es, und — es ist bekannt,
Daß Se. Majestät gar oft und gerne
Herab sich läßt, in eigener Person
Hier in des Malers Werkstatt zu verweilen, —
Er fragt nach Dir, er sieht Dich gnädig an,
Du nennst dann meinen Namen, sprichst, daß ich
Zu dieser Kunst Dich so begeistert habe, —
Gleich ist mein Weg gemacht und neugeboren
Geh' ich aus Deinem Pinsel dann hervor.

Alvaro. (seufzend) Wenn der Erfolg nur Eure Wünsche krönt!
(feurig) Dürft' statt des Pinsels ich ein Schwert er=
greifen,
Und mich dem Feinde gegenüberstellen,
Dann sollte bald der Name der Quexada
Dem Feinde furchtbar werden, und mit Stolz
Das Vaterland mich zu den Helden zählen. —
Jedoch, ich weiß, davon wollt' Ihr nichts hören,
So werd' ich, mich Euch dankbar zu beweisen, —
(mit Seufzen) Das Werk beginnen.

Fünfte Scene. Die Vorigen, Velasquez, (und) 2. Page,
(dann) Diego, Petro, Antonio.
(kommen aus dem Garten, von Seite Rechts.)

2. Page. (tritt zuerst ein; zu Queraba) Eben kam der Meister.
(Geht ab in Thür Seite Rechts; Velasquez tritt ein.)
Velasq. Señor Queraba, seid willkommen mir.
(Die Schüler gehen plaudernd an die Staffeleien.)
Queraba. Ich grüße Euch, Glorreichster aller Künstler,
Ruhmvoller Meister —
Alvaro. (zieht sich ängstlich zurück, bis über die Linie des Eingangs.)
Velasq. . . . . Laßt, ich bitte Euch.
(auf Alvar deutend) Ist dies der junge Mann, von dem Ihr
spracht,
Der vor Begierde brennt, mein Atelier
Um einen fleiß'gen Schüler zu vermehren?
Queraba. Er ist es. Ein gewaltiges Genie;
Er kann den Augenblick kaum mehr erwarten,
Der in des Ruhmes Tempel ihn wird leiten;
Es brennt die Ungeduld in seiner Brust.
Petro. (lachend auf Alvaro deutend) Doch wagt er nicht, die Schwelle
zu betreten.
Queraba. (für sich) Der dumme Junge! (laut) Nur Bescheidenheit,
Die schönste Zierde des Talents. Alvar!
Komm näher! (Alvaro nähert sich scheu) Näher, sag' ich, ohne
Furcht.
Antonio. (zu den andern Schülern, leise) Das Original wird Stoff zum
Lachen geben.
Velasq. Ich heiß' von ganzem Herzen Euch willkommen;
Nur näher, näher, reicht mir Eure Hand.
Alvaro. (nimmt schüchtern die Hand.)
Queraba. Die Schüchternheit verwirrt ihn ganz und gar,
Doch wenn er die erst überwunden hat,
So werdet Ihr gleich sein Genie erkennen.
Nicht wahr, Alvar? (stößt ihn heimlich) So rede doch!
Alvaro. Ich hoffe.
Velasq. (lächelnd zu Queraba) Das soll mich freu'n. (Zu Alvaro) Wie
Euer Oheim sagt,
Gabt Ihr schon Proben; darum laßt mich wissen,
Für welche Gegenstände habt bis jetzt
Sowohl Geschmack Ihr, als Talent gezeigt?
Alvaro. Für welche?
Queraba. . . . . . . O, er hat Talent für Alles!
Velasq. Das wäre viel; jedoch wir wollen sehn.

Alvaro zieht sich zurück.
Velasq.   Diego. Antonio.
Queraba.   Petro.

Alvaro ganz hinten.

Diego.
Petro. Ant.
Velasquez.   Alvaro.
Queraba.

Quexaba. Wie ich Euch sage, Alles kann er machen,
Jedoch besonders schön macht er die Schlachten.
Velasq. (ist stets mehr über Quexaba verwundert)
So, so? — (zu Alvaro) Ihr habt doch Alles aufbewahrt?
Laßt mich die Blätter seh'n, ich möchte prüfen.
Quexaba. Seht nur, — ich muß Euch sagen, — seine Schlachten.
Hat alle auf die Wände er gemalt.
Antonio. (kichernd) Al fresco? (zu Alvaro) Sagt doch, unter welchem Meister
Habt Ihr denn Eure Studien begonnen?
Petro. Ihr werdet, — unser Studium zu fördern,
Uns Eure Schlachtgemälde freundlich zeigen.
Alvaro. Das ist nicht möglich, denn der Oheim ließ,
— So oft ich auch in früh'rer Knabenzeit
Die Wände mit der Kohle ihm besudelt, —
Sogleich die wilden Schlachten übertünchen.
Petro. (laut lachend) Ein gutes Mittel, Frieden zu erhalten:
Der Krieg ist aus, wenn alle tapfern Streiter
Bis auf den letzten Mann vernichtet sind.
Quexaba. (dem Gespräch mit Unruhe gefolgt, tritt jetzt zu Petro und spricht mit ihm und den andern Schülern. Alvaro hat sich Velasquez genähert.)

Diego. Ant.
Quex. Petro.
Velasq. Alvaro.

Velasq. Was ist es, das Euch so befangen macht?
Alvaro. (leise, in raschem Tempo) O — nichts, Señor. Ich bitte
Euch, seid gnädig
Und nehmt mich auf.
Velasq. . . . . . . Nicht gegen Eure Neigung.
Alvaro. (wie vorher) Wenn Ihr's verweigert, so bereitet Ihr
Mein Unglück! Nehmt mich jetzt nur auf,
Ich will Euch später Alles dann entdecken. (Tritt zurück.)
Quexaba. (geht zu Velasquez) Und nun, Señor, (leise) wenn meiner Bitte Ihr

Diego. Ant.
Petro.

Alvaro.
Velasq. Quexaba.

Gehör' wollt schenken, und den Neffen bald,
Das heißt, recht bald durch Eure weisen Lehren
Zum hochberühmten Künstler machen wollt,
So sollt Ihr seh'n, daß ich erkenntlich bin.
Ich bin ein reicher Mann, und kann schon zahlen.
Velasq. (mit leiser Ironie) So? — Zahlen? — Wirklich? —
Quexaba. (stets leise) . . . . Ja, verlaßt Euch b'rauf.
Jedoch versteht mich recht, die Sache muß
Sobald als möglich schon in Ordnung sein;
Ich habe — so — mein Plänchen bei dem Dinge.
Velasq. In Räthseln redet Ihr.
Quexaba. . . . . . . (leise) Ach, thut doch nicht,
Als ob Ihr nicht verständet, was ich meine.

Belasq. Ein Räthsel ist es mir, mein Wort darauf.
Queraba. (leise) Nun denn: Ich weiß, daß Jeder Eurer Schüler
Gewisse Jahr' als Lehrling bienen muß,
Bevor Ihr frei ihn sprecht. Das ist ganz gut,
Denn jede Arbeit fordert Zeit und Uebung.
Doch weiß ich auch, es hängt von Euch nur ab,
Den Neffen bald berühmt und groß zu machen.
Belasq. Es scheint, Ihr traut mir Zauberkräfte zu?!
Queraba. (leise) Nicht Zauberkräfte sind es, ei bewahre;
Es geht dabei stets ganz natürlich her.
Der Junge braucht nur jene kleinen Mittel, —
Die Ihr ihm heimlich anvertrauen werdet
Genau zu merken, — und es ist gethan.
Belasq. (immer mehr humoristisch und ironisch)
Ei sagt mir doch, Señor, worin bestehen
Nach Eurer Meinung jene — kleinen Mittel?
Queraba. (für sich) Ein zäher Kerl! (zu Belasquez immer heimlich und leise)
In Nichts bestehen sie,
Als in der Art und Weise, wie Ihr's macht,
Wie Ihr so ganz besonders — Eure Bilder
Zu malen wißt, daß Alles b'rob erstaunt.
Dazu habt Ihr natürlich eigne Griffe
Und eigene Manieren bei der Arbeit,
Die nur dem Eingeweihten kenntlich sind.
Ihr seht, ich rede offen, wie ein Mann,
Der reich genug, um königlich zu zahlen.
Belasq. (ernst geworden) Ich muß gestehen, diese Denkungsart
Ist mir so neu, daß ich nur glauben kann,
Ihr wollt Euch irgend einen Scherz bereiten.
Queraba. (wie oben) Ich sehe wohl, Ihr scheint mir nicht zu trau'n,
D'rum will ich für Erfüllung des Vertrags
Euch gleich auf Abschlag eine Summe zahlen.
Bestimmt den Preis, die Hälfte zahl' ich gleich,
Und wenn Ihr ganz ihn abgerichtet habt,
Wenn alle Griff' und Vortheil ihm bekannt,
Füg' ich dem Rest noch ein Douceurchen bei.
Ihr sollt erkennen, daß ich handeln kann,
Wie sich's geziemt für —
Belasq. . . . . . (fällt ihm in die Rede) Einen reichen Mann;
Ihr habt es oft genug schon kundgegeben,
Doch Euer Reichthum kann mich nicht bestimmen —
Alvaro. (hat Belasquez' letzte Worte gehört und bittet hinter Queraba's
Rücken pantomimisch; durch diese Bitte bewegt, bricht Belasquez ab
und sagt)

Velasq. — Indeß, ich habe Euch mein Wort gegeben,
Den jungen Mann zu sehen und zu prüfen, —
Das Andre wird sich finden, und somit
Ist bis. auf Weit'res Alles abgethan. (Geht mit Alv. zurück)

Quexada. (für sich) Ja, bis auf Weiteres, da wird es heißen:
Jetzt thut den Beutel auf und rührt die Finger.
Und thut der Kerl nicht obendrein so stolz,
Als wäre seine Farbenkleckserei
Der Welt so wichtig, als das liebe Brod!
Jedoch noch brauch' ich ihn, doch bin ich erst
An's Ziel gelangt, ist erst mein Plan gelungen,
Hab' ich erreicht, was sehnlichst ich begehre:
Soll er mir schon den stolzen Nacken beugen.
Dann werf' ich ihm die Goldstück' vor die Füße
Und seh' herab, wenn er — sie aufzulesen —
Vor mir, dem reichen Mann, den Rücken krümmt. — .

Velasq. (Zu Alvar, der ihm Alles mitgetheilt hat)
Verlaßt Euch ganz auf mich. (Beide kommen vor, zu den Schülern)
. . . . Und nun, Ihr Herrn,
Empfanget hier den neuen Kunstgenossen.

Petro. Wie ist Dein Nam'?

Alvaro. . . . . Alvaro.

Antonio. . . . . Sei uns willkommen!

Diego. Willkommen! Ja, willkommen bist Du uns!

Quexada. (lacht zufrieden über Alvaro's Empfang; zu Alvaro)
Na, so weit wären wir, da bist Du nun.

Velasq. (zu Quexada mit Beziehung) Ich hoff', Ihr werdet einst zufrieden sein.

Quexada. (schmunzelnd) Ihr hofft, Señor? Nun, dann bin ich gewiß.
Leb' wohl, Alvaro, ich sehe Dich bisweilen.
(zu Velasquez leise) Lehrt Ihr ihn Alles gründlich bald er
fassen,
So soll mein Dank nicht auf sich warten lassen.

Velasq. Alvaro. Diego.
Petro. Antonio.
Quexada.

Sechste Scene. Die Vorigen (ohne) Quexada.

Velasq. (zu Alvaro) Erfüllt ist vor der Hand nun Euer Wille,
Und was zu thun, das wird sich später zeigen.
(Zu den Schülern, indem er die Bilder mustert; bleibt vor Petro's Bild, einer
Landschaft, stehen)
Mit Deinem Fortschritt bin ich wohl zufrieden;
Mit feinem Geiste hast Du die Natur,

Haft ihre Schöpfungen gut aufgefaßt,
Die Zeichnung, wie der ganze Ton, recht brav;
Wirst einst ein guter Landschaftsmaler werden.
(Tritt zu Antonio's Bild und zuckt die Achseln)
Ja, wie ich oft gesagt, an Deiner Arbeit
Fehlt stets das Colorit. Du zeichnest besser,
Wie Du die Farbe zu behandeln weißt.
Hier ist noch ernstes Studium vonnöthen.
(zu Allen) Und nun, Ihr wißt es, Se. Majestät,
Deß' hohen, gnäd'gen Schutzes wir uns freu'n,
Erscheinet Morgen zu der Preisvertheilung;
Daß Alles würdig vorbereitet sei
Zum festlichen Empfang des hohen Herrn.
Alvar, ein Wort mit Euch; ich bitte folgt.
(Mit Alvaro ab nach Seite Links.)

Velasquez und Alvaro ab in
die Thür Seite Links.

Siebente Scene.
Die Vorigen (ohne) Velasquez und Alvaro.

(Die Schüler haben schon vor Velasquez' Abgang Palette und Pinsel genommen
und prüfen, was etwa an ihren Bildern noch zu bessern sei.)

Diego.
Petro.
Antonio.

Petro. Wo bleibt Valtero? Sah ihn Einer schon?
Antonio. Ermüdet und berauscht von seinem Sieg,
Den seinem letzten Bilde er verdankt,
Hält sicher ihn Gott Morpheus noch umfangen.
Petro. Nein, nein, ich kenn' ihn besser, glaube mir.
Den wiegt jetzt nichts in süßen Schlummer ein,
Es strömt das Blut zu heiß in seinen Adern.
In ihm wohnt eine echte Künstlerseele,
So wie er Alles um sich her vergißt,
Wenn ein Gedanke neu in ihm erwacht,
Und ganz vertieft, nur seinem Bild gehörend,
Bis er vollendet, was er angefangen:
So wirft er dann, wenn ihm sein Werk gelungen,
Mit Blitzesschlag den Pinsel, die Palette,
Die Staffelei, die Farben in den Winkel —
Und stürzt sich keck und wild hinaus in's Leben.
Antonio. Ja, keck und wild! Gott weiß es! In den Feldern
Jagt er zu Roß mit lustigen Gesellen,
Und Abends sitzen sie beim Würfelspiel.
Ein tolles Leben! Nun, er muß dafür
Auch oft den Straf-Sermon des Meisters hören.

Petro. (spottend) Du, mein Antonio, bleibst damit verschont,
Du gehst bedächtig fein die Mittelstraße,
Und wirst auch stets auf halbem Wege bleiben.

Achte Scene.

Die Vorigen, Valtero, Bustos, Ambrosio; (dann) Velasquez
und Alvaro.

Valtero. (hinter der Scene) Der Teufel soll Dich holen, häm'scher
Bube!
(Er stürzt herein, aus dem Garten von Seite Rechts. Bustos und Ambrosio
folgen.)
Petro. Was hast Du?
Valtero. (erhitzt) O, Du häm'scher, feiler Schuft!
Antonio. Was ist Dir? Was ereifert Dich so sehr?
Velasq. (tritt auf und geht an sein Bild, nimmt Palette und Pinsel)
Alvaro. (tritt mit Velasquez auf und hört mit Theilnahme dem Gespräche zu)
Valtero. Der Schwamm, der Berto, der sich spreizt und bläht,
Mit seinem Urtheil immer vor sich drängt,
Als trüge er die Weisheit ganz allein
In seinem Schädel, während dieser nur
Vom Geist des Weines und der Schlemmerei
Stets angefüllt, — der unverschämte Bube, —
Er wagt es, roh und frech mich zu verletzen!
Velasq. Was that er Dir?
Bustos. . . . . Denkt nur! Valtero's Bild,
Das unsrer Schul' so große Ehre brachte,
Vom König für die Gallerie bestimmt,
Von allen Kennern laut gepriesen ward, —
Er wagt's, daran zu kritteln und zu tadeln.
Velasq. (bei seinem Bilde, malend) So prüfet, ob sein Tadel denn
gerecht,
Und ist dem so, benutzt den guten Wink;
Wo nicht, — so laßt den trunknen Schwätzer laufen.
Valtero. Schon einmal habe ruhig ich geschwiegen,
Als er, — zwei Jahre sind's — mit den Kumpanen
Sich in der Schenke gegen mich verschwor,
Und dreist mit frecher Lüge ausposaunt,
Es sei mein Bild nicht eigene Erfindung:
Die hätt' ich einem Andern abgelauscht.
(Zu Antonio, mit besonderer Beziehung)
Du warst, als sein getreuer Rapporteur,
Ja selbst dabei, erinnere Dich nur.

Alvaro.
Velasq. Diego. Ambrosio.
Bustus.
Valtero. Petro.
Antonio.

Daß damals ich geschwiegen, gab ihm Muth,
Und so versendet er auf's Neu' die Pfeile,
Wähnt sich geschützt in ehrenvoller Stellung,
Die ihn ernährt — was Jedem unbegreiflich,
Weil er der Stellung keine Ehre bringt.

Die 2 Pagen (treten jetzt mit dem Frühstück ein; aus der Thür von Seite Rechts. Der Eine trägt auf einem silbernen Präsentirteller 8 gefüllte Gläser Wein, Malvasier, der Andere, gleichfalls auf silbernem Präsentirteller Bisquits und Früchte. Sie stellen Alles auf den Tisch vorn Rechts und gehen dann ab durch die Thür Seite Rechts).

Valtero. (fortfahrend) Doch hoffentlich wird bald die Stunde schlagen,
Die auf den Sand ihn setzt, dann mag er suchen,
Wo fernerhin die süßen Trauben wachsen,
Mit ihrem Saft die Kehle ihm zu laben.

Velasq. Da kommt das Frühstück. Munter nun, Valtero,
Trink' Deinen Groll in Malvasier hinab!

Bustos. (hat gleich ein Glas genommen) Hoch unser edler Meister!

Petro. . . . . (hat auch ein Glas genommen) Und Ver=
berben
Mög' Jeden treffen, der es hämisch wagt,
Zu schmäh'n, was unser Meister anerkannt!

Velasq. (stets am Bilde) Ich sagte schon: Ein freies Urtheil nur
Kann fördern. —

Valtero. . . . . . . Ja, wenn nur die Freiheit nicht
In Lüge und in Bosheit artet aus.
Nein, nein, ich bleib' dabei, nie wird es Friede
Mit mir und der Partheigenossen Schaar,
Die für und wider stets erkäuflich ist.
(Nimmt ein Glas und hält es hoch) Und wer es mit mir hält,
wer Muth im Herzen,
Der stoße an mit mir! Das Schlachtgeschrei,
Es heißet Krieg! Auf gänzliche Vernichtung!

Alle Schüler. (mit Ausnahme von Antonio stoßen an)
Krieg!

Alvaro. (ergreift auch ein Glas) Krieg?! Da trink' ich mit! Sobald
es gilt,
Sollt Ihr voran mich seh'n, verlaßt Euch b'rauf!

Velasq. Halt! Halt! Valtero! Sei nicht unbesonnen.
Du wirst dem Tadel nimmer Dich entzieh'n,
Ob dieser ehrlich oder ungerecht.
Der Künstler möge auf den Gipfel blicken,
Den er erreichen will, damit er sehe,
Wie er bedachtsam ihn erklimmen muß,
Wie schmal der Weg, wie weit, wie weit das Ziel;
Wie mühevoll, wie schwer es zu erreichen!

      Hat er, — in rastlos, ernstem Weiterschreiten, —
      Vollkommen diese Schwierigkeit erkannt,
      So wird's ihm klar, daß wohl auf solchem Wege
      Der schwache Mensch leicht einen Fehltritt thut,
      Und ruhig wird er jeden Tadel hören.
Valtero. Dem Tadel nicht will ich entgegentreten,
      Nicht solchem Urtheil, welches gründlich prüft
      Und meine Fehler mir mit Milde zeigt: —
      Ich werd' es ehren, wie Ihr uns gelehrt. —
      Jedoch dahin gehört nicht jene Sorte,
      Die lobet oder unverschämt besudelt,
      Nachdem der nicht'gen, angemaßten Größe
      Sich Demuth oder Stolz entgegenstellt.
      Der Pfuscher mag sich ihr in Demuth beugen,
      Ich — setz' Verachtung ihr und Stolz entgegen! —
      So bleibt's dabei, ich kämpfe gegen sie.
Velasq. (behält Pinsel und Palette in der Hand und kommt langsam vor)
      Lern' erst die Weise, wie man mit ihr kämpft,
      Sonst wirst Du nimmer in dem Kampf bestehen.
      Du nennst sie frech, anmaßend, launenhaft, —
      Mag sein, — doch wenn sie solche Schwächen zeigt
      Und Dir Dein Werk — verunglimpft, wie Du meinst,
      So hat sie, glaube mir, in jenen Theilen,
      Die Deinem Streben sie entgegenstellt,
      Vielleicht auch einmal Recht — (Bewegung unter den Schülern.
      Belasquez winkt Ruhe gebietend) — Du mußt bedenken,
      Was wir auch schaffen, was die Kunst erzeugt,
      Was wir mit aller Liebe, allem Fleiß
      Hervorgerufen, bleibt — nur Menschenwerk;
      Nur Menschenwerk, was Du mit Deinem Pinsel,
      Der Dichter hoch begeistert in den Versen,
      Der Bildner in den plastisch schönen Formen,
      So wie der Mime auf der Bühne schafft.
      Wie hoch es auch die Menge preisen mag,
      An einer Gränze bleibt es meistens steh'n: —
      Vollkommenheit in allen seinen Theilen!
      Das ist ein Gränzstein für des Künstlers Schaffen;.
      Er wird, wie er der Pflicht auch Folge leistet,
      Danach zu streben, schwer nur sie erreichen,
      Im lobenswerth'sten Ringen — Mensch nur sein.
      Das ist es nun, woran sich Jene halten,
      Die hämisch und mit Krittelsucht sich müh'n,
      Ein wohlerworbenes Verdienst zu schmäh'n.
      Was der Geschmack und der Verstand gelobt,
      Für gut erkannt, sie werden's übergeh'n,
      Doch kleine Mängel, die Dir selbst verborgen,

Mit scharfem Auge wird man sie erspäh'n,
Der Menge zeigen und dabei beweisen,
Daß Dir der Kranz des Ruhmes nicht gebühre,
Daß — diese Fehler in dem Werk enthalten,
Und Du noch fern vom Ziele der Vollendung.
— Fühlt auch mit Dir die Welt den harten Spruch,
Der einer — oft geringen Schwäche wegen
Die Freude, die das Ganze schuf, nun trübt,
Sie kann dem Urtheil nicht entgegentreten,
Weil dies — auf Wahrheit sich begründet zeigt. —
Die Lehre merke Dir, und suche stets
Den Groll zu dämpfen, der sich in Dir regt,
Und so die Achtung Jener zu erhalten,
Die besser denken, die gerechter richten.
Dies bleibe stets Dein Ziel, und glaube mir
Wie Ehr' und Anstand freundlich Dir sich nah'n,
Verachtend wenden Jenen sie den Rücken. —
Folg' stets dem Beispiel meines Ideals,
Des großen, niederländ'schen Meisters Rubens.
In seinen Bildern ließ er Thier' und Landschaft
Gar oft von seinen besten Schülern malen.
Da sagten seine Feinde alsobald,
Der Rubens sei in solchen Theilen schwach;
Das fühl' er wohl, d'rum wähl' er diesen Weg.
Die Thoren! Rubens schwach! Er rächte sich,
Indem er gleich darauf das Jagdstück malte, —
Ihr Alle kennt's, Ihr habt es hier gesehn,
Wo Thier' und Landschaft deutlich Zeugniß gaben
Von seinem Geist, von seiner Fähigkeit. —
Ein Andrer schrie: „Er zeige in den Köpfen
Stets Mangel an Charakter!" — Rubens lachte,
Und malte gleich das große Meisterwerk,
Die Abnahme vom Kreuz! Auf diese Art
Trug er durch seine Kunst den Sieg davon,
Indem er stets auf's Beste ausgeführt,
Was feile Widersacher angegriffen.
Dem Beispiel rath' ich Allen Euch zu folgen:
Das sind die Waffen, die dem Künstler ziemen,
Er braucht sich keiner andern zu bedienen.
            (Wendet sich langsam.)
     (Pause. Alle Schüler stehen in Nachdenken.)

Alvaro. (leise zu Petro) Nun, was sagt Ihr dazu?
Petro. . . . . (leise) Recht hat der Meister.
Alvaro. (leise) Mir wär' es lieber, wenn wir mit dem Degen

Den Widersachern des Senor Valtero
Die Fratzen tüchtig angestrichen hätten.

Belasq. (Die Hand auf Valtero's Schulter legend) Frisch auf, und laß
                  die tollen Grillen fahren.
Willst Rache Du — (auf Valtero's Bild zeigend) sieh, dort
                  ist Deine Waffe,
Zeig', daß Du siegen kannst. (zu den Andern) Ich muß zum
                  König; — nimmt seinen Hut.
Doch bald, so hoff' ich, kehre ich zurück.
(für sich) Vielleicht gelingt mir's, Rubens anzutreffen.
                  (Ab Seite Links.) Ab in die Thür Seite Links.

Neunte Scene. Alle Schüler, Alvaro.

Valtero bleibt finster blickend etwas hinter den Uebrigen.

Antonio. (höhnisch zu Diego) Da hat er's nun, warum ist er so stolz?
Konnt' er nicht eben so, wie And're thun,
Dem Berto huld'gen, um auf diese Art
Stets lobend von ihm anerkannt zu werden;
So viele thun es ja, warum nicht er?
Schlimm ist der Berto weiter nicht fürwahr.
Ein Schwätzer ist er und ein Lustigmacher
Bei Tafel, wie es keinen Zweiten giebt,
Denn wo er ist, kommt Keiner mehr zum Worte.
Und wenn man aufmerksam nur auf ihn hört,
Ein jedes seiner Worte geistreich findet,
Die Nächte in den Schenken mit ihm weilt,
Recht fleißig mit Präsenten ihn bedenkt,
So lobt er blindlings in den Tag hinein.
(laut) Warum ist der Valtero nun so stolz?
Valtero. (heftig) Ich will Dir's sagen. Weil in meinen Adern
Ein heißes Blut den raschen Kreislauf hält,
Weil das Bewußtsein in der Brust ich trage,
Daß ich allein durch Fleiß und ächtes Streben
Die Anerkennung mir errungen habe;
Daß, wie ich Tadel, der belehrend spricht,
Stets achtungsvoll und dankbar hab' gehört, —
Ich niemals buhlen kann um feiles Lob.
Das ist mein Stolz, den werde ich bewahren
Bis an das Ende meiner Künstlerbahn!
— Doch das verstehst Du nicht; Du kriechst und schleichst
In Deiner glatten, stets geleckten Form,
Bescheidenheit und Demuth schlau erheuchelnd
Ganz in der Stille einem Jeden nach,

     Von dem Du hoffst ein Lob Dir zu gewinnen;
     Dir gleich, ob er geachtet oder nicht.
     Doch hier, im Kreise Deiner Kunstgenossen,
     Hier spreizest aufgeblasen Du einher,
     Stolz, wie ein Pfau, und machst Dich lächerlich.
Antonio. (aufgebracht) Ich sage Dir —
Baltero. . . . . Ich bin einmal im Zuge,
     So sollst Du ganz auch meine Meinung hören!
     Du bist ein eitler, kalter Egoist,
     Ein lächerlicher, selbstgefäll'ger Geck,
     Erkennst nicht Meisterschaft und nicht Genie,
     Vom wahren Künstlerthum ist Nichts in Dir,
     Ein Narr bist Du in Deiner Ueberschätzung,
     Bist — eine geckenhafte Schneiderseele!
Antonio. (wüthend) Baltero höre —
Baltero. (ruhig) . . . . Nun beruh'ge Dich,
     Mit Deinem Droh'n kannst Du mich nicht erschrecken,
     Ein Nasenstüber, und Du knickst zusammen.
     Ich bin jetzt fertig, und es soll mich freuen,
     Wenn meine Predigt Du beherz'gen wirst.
       (Rubens tritt auf)
     Denk brüber nach, und kannst Du Dich noch bessern,
     Will ich einst mit dem Worte Dich begrüßen:
     „Hier meine Hand, wir werden gute Freunde!"

Zehnte Scene. Die Vorigen. Rubens.

(Während Baltero und Antonio an ihre Bilder gehen, bleiben die Andern sämmtlich vorne Rechts, ohne Rubens zu sehen. Dieser mustert die Bilder, welche Seite Links stehen).

Petro. (sieht jetzt Rubens) Sieh' da, ein Fremder. Was mag der
            nur wollen?
  (zu Alvar) Hm, das ist keck! So ohne anzufragen,
  Und ohne eines Grußes uns zu würd'gen,
  Tritt man doch sonst nicht in das Atelier.
  Geh', frag' den Herrn, was er begehrt.
Alvaro. (geht zu Rubens) . . . . Señor —
Rubens. (wendet nur ein Wenig den Kopf zu ihm: kurz:) Was soll's?
Alvaro. . . . . Vergebt, wenn ich Euch etwa störe.
Rubens. (wie vorher) Das thust Du wirklich Freund, und wenn Du
            willst,
  Daß ich vergeben soll, so bitt' ich Dich,
  Laß mich nun ungestört. (Betrachtet die Bilder)

Rubens.

Baltero.

Bustos.
Alvaro. Diego.
Petro.
Antonio.

Valtero. (ist, wie die Anderen, aufmerksam geworden) Das ist curios!
Antonio. Er thut, als ob er Herr im Hause wär'.
Valtero. (legt Pinsel und Palette weg und kommt vor.)
　　　　Senor, Ihr müßt die Frage schon erlauben,
　　　　Seid mit dem Meister Ihr bekannt?
Rubens. — Ich — glaube.
Valtero. (kleine Pause) ... Ihr trefft ihn nicht daheim, er ist beim
　　　　　　　　　　　　　　　　　　　　　　　　　König.
Rubens. Ich weiß es.
Valtero. . . . . Habt vielleicht Ihr ein Geschäft
　　　　Mit unserm Meister? — Wollt Ihr mit ihm reden?
Rubens. Das will ich, ja.
Valtero. . . . . So wollt Ihr ihn erwarten?
Rubens. (ungeduldig) Erwarten? Nein. (Wendet sich jetzt ganz zu Valtero.)
　　　　　　　　　　　　　　　Doch werdet Ihr erlauben,
　　　　Daß ich ein Wenig hier die Bilder must're.
(Er wendet sich ab und betrachtet die Bilder. Pause. Alle sehen sich erstaunt an.)
Valtero. (sich etwas verletzt fühlend, ironisch) Ihr seid wohl Kenner?
Rubens. (fühlt die Ironie, wendet den Kopf etwas und blickt Valtero an)
　　　　. . . . . So ein Stück davon.
Valtero. (zu den andern Schülern, leise) Die Kennerschaft will ich ein
　　　　　　　　　　　　　　　　　　　　　　　　Wenig prüfen.
(keck und herausfordernd, laut) So laßt uns Euer Urtheil
　　　　　　　　　　　　　　　　　　denn vernehmen!
　　　　Ihr seht hier manche Bilder aufgestellt,
　　　　Die Alle eines großen Ausspruchs harren;
　　　　Auch Bilder von Velasquez seht Ihr hier. —
　　　　Getraut Ihr Euch die Werke uns'res Meisters
　　　　Von denen seiner Schüler wohl zu sondern?
Rubens. (hat aufmerksam zugehört und sich bei den letzten Worten ganz
Valtero zugewendet, ihn scharf ansehend) Wenn Ihr so fertig in
　　　　　　　　　　　　　　　　　　　　　　des Pinsels Führung,
　　　　Als in der Führung Eurer Zunge seid,
　　　　So wär' es möglich, daß ich Eure Werke
　　　　Für die des Meisters halten könnte!
Valtero. (verletzt, wird heftig) . . . . . . Ihr mögt
　　　　An meiner Zunge Fertigkeit erkennen,
　　　　Daß Keinem ich die Antwort schuldig bleibe,
　　　　Wenn's etwa ihm beliebt, die Unterhaltung
　　　　Noch weiter fortzusetzen.
Rubens. . . . . Seht einmal:
　　　　Das brennt ja lichterloh, in hellen Flammen!
Valtero. Wer angefacht die Flamme, trägt die Schuld!

Rubens. (wird warm) Hört, junger Herr! — (faßt sich) Wozu das Wortgefecht?
Unnütze Plauderei verschlingt die Zeit,
Die können Beide besser wir verwerthen.
Um Euch bei Eurer Arbeit nicht zu stören,
Betrachte ich, (mit gutmüthiger Ironie) — wenn gütig Ihr erlaubt, —
Die Bilder noch. (Geht umher, jedoch nicht zu den Bildern der Schüler.)
Antonio. (zu einem Schüler) . . . . Ein sonderbarer Kauz!
So kurz und barsch! Gewiß ein Bilderhändler.
Petro. Wir werden's gleich erfahren. Frage ihn!
Antonio. (zu Rubens) Kommt Ihr etwa, um Bilder einzukaufen?
Rubens. (steht jetzt gerade vor Velasquez' Bild) Wenn dies zu haben ist, so kauf' ich es.
Antonio. (lächelnd) Das dürfte wohl für einen Handelsmann
Zu hoch im Preise stehen, denn, nicht wahr,
Ich irre nicht, Ihr seid ein Bilderhändler?
Rubens. (überrascht) Ich? — ich — (faßt sich) ja — ich verkaufe manches Bild.
Antonio. (auf das Bild deutend) Hier kämet Ihr zum Einkauf auch zu spät,
Denn Frankreich's König kam Euch schon zuvor,
In dessen Auftrag es vollendet wird.
(Die Schüler treten zurück.)
Rubens. (vor dem Bilde) Die Brüder Joseph's, die mit seinen Kleidern
Den blinden Vater zu belügen geh'n,
Und den Verrath am Bruder schlau verbergen;
Da ist Begeist'rung, da ist Kraft und Mark! —
Nun, es ist endlich Zeit, daß den Franzosen
Ein Werk der Gegenwart beweisen darf,
Wie sie von jenem guten Weg gerathen,
(Geht bei diesen Worten quer hinüber.)
Den Franz der Erste einst der Kunst gebahnt.
(Steht jetzt bei Antonio's Bild und prüft, indem er Antonio bei Seite schiebt.)
Hm, hm — recht gut — gezeichnet und gruppirt,
(Die Schüler werden aufmerksam und kommen langsam näher.)
Der nackte Arm mit aufgehob'nem Schwert
Beweis't, daß Ihr Anatomie studirt,
Und gerade dieser Arm ist in der Farbe
Der ganzen Carnation durchaus verfehlt.
(wird nach und nach wärmer) Ist das ein Fleisch? Das eines Kriegers Haut,

Valtero.

Diego. Petro.

Bustos.

Rubens. Ambrosio.

Antonio.

43

Die Sturm und Wetter unbeachtet läßt?
Von einem zarten Mädchen ist das Fleisch,
Die Haut gelieh'n; geht, gebt sie ihr zurück!
Antonio. (verächtlich) Ich muß bei Euch wohl in die Schule geh'n?
Rubens. Ja, hattet Ihr nicht hier so wackern Meister,
Ich nähme Euch vielleicht. Doch, glaubet mir:
Bleibt auch gewiß hochwichtig stets die Form,
Die Farb' erst kann ihr Reiz und Leben geben.
Wollt Maler Ihr, und nicht nur Zeichner sein,
Studirt die großen Meister in den Farben,
Correggio, Tizian, Michel Angelo,
Und auch van Dyk — —
Antonio. (sieht ihn verächtlich über die Achsel an, und kehrt ihm den Rücken.)
Baltero. (lebhaft, von seinem Bilde aus) Vor Allen aber — Rubens!
Rubens. (sieht sich um) Rubens? — So? — hm — Nun ja, auch
der mag gelten.
Baltero. (spöttisch, kommt vor) Ei, wirklich, also laßt Ihr ihn doch
gelten?
Sehr gütig ist's. Doch wir verehren ihn —
Wir Alle hier, wie unser edler Meister,
Als unser Ideal!
Rubens. (seine freudige Rührung bekämpfend) Mir ist er's nicht.
Ich kann ihn nicht als Ideal verehren. (geht nach Seite Rechts,
nimmt von dem Tisch, wie zufällig einen Pinsel, welchen er spielend
in der Hand hält; plötzlich kommt ihm ein Gedanke, er tunkt den
Pinsel auf die dort liegende Palette, und — wie spielend - - macht
er rasch eine kleine Figur, Monogramm des Rubens: P. R. pinxit.,
in einer Ecke der Palette.)
Baltero. So ist es Künstlerneid, der aus Euch spricht?
Denn daß Ihr mehr als Bilderhändler seid,
Daß Künstler selber Ihr, Ihr habt's bewiesen
Durch Euer Urtheil über dieses Bild. (Auf Antonio's Bild
deutend)
Ich rede frei, Baltero ist mein Name,
Velasquez' Schüler Einer. Nennet nun
Auch Euren Namen, oder — wollt Ihr nicht,
So denkt daran, daß hier die Herrn wir sind.
Rubens. (für sich) Ein toller, prächt'ger Junge! Ganz und gar,
Wie mein van Dyk in seiner Jugend war.
(laut) Mit andern Worten soll es wohl bedeuten,
Daß Ihr ganz höflich mich hinaus woll't werfen? (kommt
in die Mitte)
Baltero. (kurz) Ich hab' nach Eurem Namen nur gefragt.
Rubens. (lächelnd zuckt die Achseln) Ja! — den muß vor der Hand
ich noch verschweigen.
Doch seh'n wir bald uns wieder, und ich denke,

Rubens ist jetzt Mitte der
Bühne.

```
              2        1
Rubens.  5         3
              4
         Alvaro.
         Baltero.

Alvaro.           1
          5           2
              4
         Baltero.
Rubens.
```

Daß wir alsdann als gute Freunde scheiden.
Und — da Ihr es so schnell errathen habt,
Daß ich auch — so ein Stück von — Maler bin,
Hab' ich, damit Ihr meiner nicht vergeßt,
Ein (auf den Tisch deutend) Angedenken flüchtig Euch skizzirt.
Erkennt den Meister Ihr, so seid gewiß,
Daß er Euch herzlich dankt für diese Stunde. (Ab durch die
Mitte nach Seite Rechts.)

Eilfte Scene. Die Vorigen (ohne) Rubens.

Alle (stehen erstaunt und blicken Rubens nach.) **Baltero** (geht gedan-
kenvoll nach hinten, bleibt in der Mitte des Eingangs stehen, und
sieht Rubens nach.)

Baltero. (für sich) Der Mensch macht mich verwirrt; erst kurz, fast
grob,
Und nun so herzlich, als er von uns schied.
Ein Räthsel ist er mir; jedoch die Lösung
Wird sicher er nicht schuldig bleiben. — Nun,
Wo ist die Skizze, die er hinterlassen?
Laßt sehen! (Kommt vor; während Baltero's Rede kommen die
Schüler an den Tisch und suchen auf demselben vergebens. An-
tonio hat, — um zu sehen, ob die Palette nicht die Zeichnung
decke, — diese vom Tische genommen, und hat dieselbe in der linken
Hand.)

Petro. (immer auf dem Tische suchend) Wenn Du sehen willst, so suche,
Ein altes Sprichwort sagt, „wer sucht, wird finden!"
Das Sprichwort lügt, wir suchen hier vergebens.

Baltero. (steht neben Antonio und sieht, wie zufällig, die Palette, er erschrickt,
faßt dieselbe) Du wirst Dich mit der Farbe noch besudeln,
So leg' doch weg! (nimmt ihm die Palette ab und geht damit
auf die andere Seite.)

Antonio. Er hat uns angeführt!

Baltero. (erkennt das Monogramm, für sich) Er ist es, ja, das ist sein
Monogramm!
Da hab' ich's in den Händen: P. R. pinxit!
(laut) Recht habt Ihr, ja, er hat uns angeführt!
(für sich auf die Palette sehend) Du bleibst mir der Erinn'rung
theures Zeichen,
Wie P. R. tüchtig mir den Text gelesen.

Baltero.
Alvaro.
Antonio.
Die 4 Schüler.

45

Zwölfte Scene. Die Vorigen, Quexaba.

a. Ich grüß' Euch ehrfurchtsvoll, Ihr jungen Künstler,
Mir doppelt werth, weil jetzt auch mein Alvaro
Nach gleichem Ruhm mit Euch vereint nun strebt.
(zu Alvaro leise) Hat schon der Meister seine Lehr' begonnen?
o. Ja, Oheim.
a. (leise) . . . Schön! Und hast Du gut begriffen?
Hast Alles wohl gemerkt?
o. . . . . Das hab' ich, ja.
Leicht war es zu begreifen, was so klar
Der Meister sprach —
a. (freudig, leise) . . . Ich hab' Dir's ja gesagt.

Valtero.
1 2 Antonio.
3 4
Quexaba. Alvar.

Dreizehnte Scene. Die Vorigen, Velasquez.

q. (kommt von Seite Links, sehr rasch) War Jemand hier?
o. . . . . O ja, ein Fremder trat herein
Und musterte, — ohn' weiter anzufragen
Ganz keck und dreist das ganze Atelier.
o. Ein Bilderhändler war's, ich wette d'rauf,
Der wohlfeil Waare zu erstehen hofft;
An seiner Krittelei war's zu erkennen.
o. (listig) Des Meisters Bild jedoch hat ihn begeistert.
q. Nannt' er den Namen?
o. . . . . Nein, er wollte nicht.
Von einer Skizze, die er hinterlasse
Dort auf dem Tisch, — sprach er, — doch Lüge war's.
Was mag der auch vom Malen wohl versteh'n!
o. (leise zu Velasquez) Die suchten dort vergebens, (zeigt ihm
                                                 die Palette) Hier! Er war's!
q. (hocherfreut, indem er das Monogramm erkennt) Er selber, hier,
bei mir. (ihm Schweigen gebietend) Behalt's für Dich!

Diego.
Bustos.   Petro.
Antonio.
Ambrosio.   Valtero.
Velasq.
Quexaba.
Alvaro.

Vierzehnte Scene.

Page, Don Pareja, (später) Juan (zu den) Vorigen.

e. (tritt ein und will melden) Don —
a. (schiebt ihn zurück) . . . . Still geschwiegen! Nicht
bedarf's der Meldung.
(zu Velasquez) Dem Beispiel des erhab'nen Königs folgend,
Läßt Don Pareja selber sich herab,

Ambrosio.
                                    Valtero.
Diego.   Pareja.   Bustos.
                                    Antonio.
Velasquez.   Quexaba.
                                    Alvaro.

In eigener Person Euch zu besuchen,
Um für sein wohlgelung'nes Conterfei,
Das Ihr gemalt, Euch Euren Lohn zu bringen,
Zugleich auch die Versich'rung künft'ger Gnade
Aus eig'nem Munde huldreich zu gewähren.

Belasq. Die Ehr', die meinem Hause wiederfährt,
Weiß ich, — nach Werth — zu schätzen, Don Pareja.

Pareja. (tritt weiter vor) So hoffen wir! D'rum haben wir beschlossen,
Die Summe, die auf unseren Begehr
Ihr selbst bestimmt, bevor wir Euch gesessen,
Aus eigner Gnad' und Großmuth zu verdoppeln.

Belasq. Erlaubt mir, Don —

Pareja. . . . . Erlaubt erst uns zu reden.
Wir sagten, — zu verdoppeln, wie Ihr hört.
An Großmuth gegen Euch und Eure Kunst
Geht Sr. Majestät erhab'nes Beispiel
In Ihrer Gnade huldreichst uns voran.
Darum ist jedes Treuergeb'nen Pflicht,
Dem Muster nachzuahmen. Draußen steht, —
Zweihundert glänzende Dublonen tragend, —
Mein Sclave, und er wird in unserm Namen
Den Lohn für Eure Arbeit doppelt zahlen.

Belasq. Halt, Don Pareja. —

Pareja. . . . . Wir sind noch nicht fertig;
D'rum bitten wir, uns nicht zu unterbrechen.
Wir sagten — doppelt Euren Lohn Euch zahlen,
Wofür wir weiter Nichts von Euch begehren,
Als daß Ihr gegen Se. Majestät
Gebührend uns'rer Großmuth wollt gedenken.
Ruft nun den Sclaven und nehmt Euer Geld. —
Wir sind zu Ende; somit, Gott befohlen! (will gehen)

Belasq. Ein Wort noch, muß ich bitten, Don Pareja!
Wir sind noch nicht zu Ende.

Pareja. . . . . Ja, wir sind's!

Belasq. Ich aber nicht, und somit sag' ich Euch,
Die Großmuth, so Ihr auf mich häufen wollt,
Ist eine Last, — zu schwer für meine Schultern,
D'rum bitt' ich, nehmt sie gütigst mir hinweg.

Pareja. Wir wissen diese Rede nicht zu fassen.

Belasq. Ganz einfach ist der Sinn. — Als Ihr erschient, —
Mir Auftrag gebend Euer Bild zu malen,
War't Ihr es, der vom Preis begann zu reden.
Nicht meiner Weig'rung schenktet Ihr Gehör,
Nicht achtend, wie die Frage mich verletze,
Bestandet Ihr darauf, den Preis zu wissen;

Da forbert ich ein hundert Stück Dublonen,
— Vierfacher Preis um — solch' ein Bild zu zahlen.
Ihr fandet hoch die Summe, wie ich selber,
Und wolltet feilschen, doch ich gab nicht nach,
So hoffend, mich des Auftrags zu entled'gen.
Dennoch mußt ich — das schwere Werk beginnen. —
Es ist gescheh'n, d'rum zahlet nun den Lohn.
Einhundert Stück Dublonen ist der Preis
Und nicht ein Maravedi mehr.

Pareja. . . . . Wir staunen!
Quexada. (vorlaut) Ja, Künstler haben wunderliche Launen!
Pareja. (ihn über die Achsel ansehend) So scheint es mir. Doch will
es sich geziemen,
In unf'rer Gegenwart sie zu beherrschen.
(ruft) He, Sklave!
Juan. (in reicher, goldborbirter Kleidung, auf einem Kissen 2 kleine Börsen tragend, tritt ein und bleibt hinten in der Mitte stehen.)   Juan bleibt Mitte des Eingangs stehen.
Pareja. . . . . Gieb das Geld dem Maler hin.
Velasq. Ich muß Euch ernstlich bitten, Don Pareja,
Mich nicht zu kränken. Großmuth mögt Ihr üben,
Wo Ihr nur wollt, hier ist sie nicht am Platze,
D'rum laßt es gut sein, und — genug davon. —
Sieh' da, Juan, mein wack'rer Farbenreiber!
Weit früher noch, als Beide wir gedacht,
Seh'n wir uns wieder. Nun, warum so still?
Bin ich Dir fremd geworden? Ei, so sprich!

Vom Augenblicke an, als Velasquez Juan anredet, sehen die Schüler diesen und
pringen zu ihm, Petro klopft ihn auf die Schulter, Valtero schüttelt ihm die Hand.)

Ambrosio. (gutmüthig lachend) In seinem neuen, goldverzierten Kleide
Schämt sich Juan de Pareja seiner Freunde.
Pareja. Welch' freche Reden haben wir vernommen!
Juan de Pareja nennt den Sclaven Ihr?
Pareja, Farbenreiber! Sclav, Pareja?!
Juan (bittet pantomimisch die Schüler zu schweigen).
Velasq. Vergebt, — es ist, — ich weiß nicht, wie es kam;
Ein Scherz, von meinen Schülern ausgedacht.
Valtero. (steht bei Juan) Ich war es, der den tollen Einfall hatte,
Ihn so zu heißen.
Pareja. . . . . Ihr?! Das sollt Ihr büßen!
Valtero. Recht gern. Soll ich zur Straf' Euch etwa malen?
(Kommt vor, in ausgelass'ner Laune.)
Nur Platz genommen, es ist bald gethan;
Juan soll die Farben reiben zu dem Bild.
Frisch an die Arbeit, Juan! Nur Grün und Gelb,

In diesen beiden Farben wechselt jetzt
Das Angesicht des ed'len Don.
Belasq. (zu Baltero, verweisend) . . . Genug!
Pareja. Nein, nicht genug! Wir sind so aufgebracht!
Es will der Zorn uns übermannen! (zu Juan) Sprich!
Hast nied're Seele wirklich Du vergessen,
Daß Du des Don Pareja Eigenthum?
Hast Du der Ehre unwerth Dich gemacht?
Juan. (wirft sich ihm zu Füßen; das Kissen mit den 2 Börsen entfällt ihm)
Vergebt mir! Ich will Alles Euch bekennen!
Pareja. Du hast? Weh' Dir! So zittre vor der Strafe!
Belasq. Warum denn Strafe? Was hat er begangen?
Ich denke doch, es wird Euch nicht entehren,
Wenn er im heitern Kreise meiner Kunst
Auf kurze Zeit sein hartes Loos vergaß.
Pareja. Das eben ist sein unerhörter Frevel,
D'rum trifft ihn unser Zorn!
Juan. (immer knieend) . . . . . Vergebt! Vergebt!
Pareja. Weg, daß Dich nicht mein Fuß sogleich zertrete!
Wir könnten Dich erniedern, zu dem Troß
Der Buben in dem Stalle Dich gesellen,
Doch zu gelinde wär' die Strafe noch.
Nie darfst Du uns're Schwelle mehr betreten,
Nie darfst in Deine Heimath Du zurück,
Nie dort auf unserm eig'nen Grund und Boden
Der Sclavenbrüder glücklich Loos mehr theilen!
Und, daß Du ganz den Abstand fühlen mögest
Von dem, was einst Du warst, und künftig bist,
So bleibst Du nun des Malers Eigenthum,
Dem wir hiemit den schlechten Sclaven schenken!
Belasq. (rasch) Ich halte Euch beim Wort, und nehm' ihn an.
(zu Juan) Wirst mit dem Tausche Du zufrieden sein?
Juan. (zitternd vor Freude, springt auf)
Ich soll? (zu Belasquez) soll Euch? — Ich weiß nicht, ob
ich träume!
Ob Alles wahr, was sich mit mir begiebt!
Vergebt, wenn ich — O, sagt mir, ist es wahr?
Ihr nehmt mich auf? — O Dank, Dank, tausend Dank!
(Läuft von dem Einen zum Andern) Senor Baltero, habt Ihr's
auch gehört?
(zu Petro und den Andern) Ich bleibe hier, verlasse Euch
nicht mehr!
Nun kann ich wieder meinen Kittel tragen!
Juchhe! (zieht das reiche Oberkleid ab und schleudert es in die Luft)

Diego.   Ambrosio.
Petro.   Baltero.
Bustos. Juan. Pareja.
Belasquez.
         Quezada.
         Alba.

.... Da fort mit Dir! Den Kittel her, (springt umher)
Juchhe! Juchhe! Das soll ein Leben werden!
Pareja. (starr) Der Bursche ist verrückt geworden!
Juan. .... Nein,
Nein, nicht verrückt; doch ja, es kann wohl sein;
Verrückt, betrunken, Alles, was Ihr wollt.
Doch wenn mein Zustand wirklich Wahnsinn ist,
So möcht' ich zur Vernunft nie wieder kehren.
(zu Velasquez) Ihr sollt es nicht bereu'n, mein edler Meister!
(zu Pareja mit Schüchternheit und langsamer Rede)
Und — Ihr — mein edler, gnäd'ger Don, vergönnt,
Daß dankbar Eure Knie' ich darf umfassen,
Laßt mich den Staub von Euren Füßen küssen —
(wirft sich vor Pareja nieder und hält seinen Fuß)
Pareja. Beschmutz' uns nicht, gemeine, nied're Seele!
(Reißt seinen Fuß aus Juan's Händen los.)
Heb' Dich hinweg! (indem er ihm auf die Schulter tritt)
.... Du bist nicht uns'rer werth!
(Geht ab, die Schüler sehen Pareja ergrimmt nach.)
Juan. (welcher ein Wenig zur Seite wankt, wird von Velasquez aufgerichtet.)
Bis in den Tod nun Euer treuer Sclav'!
Velasq. Nicht Sclave mehr. Von diesem Augenblick
Lebst Du als freier Mensch in uns'rer Mitte.
Ein neues Leben schließe Dir sich auf
In der Dir liebgeword'nen Welt der Kunst. —
(mit heiterem Ton) Erkenne hier, wer auf den Erdenrund
Vor keinem Schicksal jemals ängstlich bebt,
Wer, mit den **Himmlischen** im festen Bund,
Nie zaghaft an der kleinen Scholle klebt,
Wer stets mit **freiem** und mit **kühnem** Blick,
Hinauf in seines Himmels Wolken schaut,
Wer, frohen Sinn's, erhascht das flücht'ge Glück,
Und sorglos gern dem Augenblick vertraut:
Das ist der Künstler, ist sein **Erdenleben:**
In seiner Welt (faßt Juan's Hand) **kann's keine Sclaven**
                                          geben!
(Die Schüler umringen Juan und fassen seine Hand.)

Juan (knieend) **Pareja.**
NB. Die Anderen in früherer Ordnung.

Bustos. Antonio. Petro.
Diego.   Baltero.
Ambrosio.   Querada.
    Velasquez. Juan.   Alvaro

Ende des zweiten Actes.

Dritter Act.

Dieselbe Decoration.

Erste Scene.

Velasquez, Antonio, Petro, Juan, Alvaro, (dann) 1. Page.

(Juan und Alvaro, jeder einen Malerstock in der Hand, stehen hinten im Garten und fechten, Velasquez steht an seinem Bilde und malt an dem **untern Theile** desselben, Antonio und Petro stehen an ihren Bildern und prüfen, auch geben sie noch kleine Striche.)

Alvaro. So, nun parire, wie ich es gezeigt! (führt einen Hieb, Juan parirt)
Recht gut, recht gut! Nun falle einmal aus. (sie fechten weiter)

Velasq. (lacht über Alvaro)

Antonio. (zu Velasquez) Mir scheint, Alvar hat Freude nur am Fechten.

Velasq. Ich glaube selbst, auch bin ich nicht begierig,
Auf solche Köpfe, die er bringen wird.
Er färbt sie sicher alle nur mit roth.

1. Page. (kommt von Seite Links zu Velasquez) Es harrt ein Bote Sr. Majestät.

Velasq. Ich eile die Befehle zu empfangen. (legt Pinsel und Palette auf den Tisch und geht ab nach Seite Links. Page folgt.)

Petro. (richtet sein Bild) So steht es gut. (zu Antonio) Leg' doch den Pinsel weg!
Dein Bild ist fertig. Wie es ist, so ist's;
Willst bessern Du, so nimm ein Neues vor.

Antonio. — Ja, Du hast Recht, und das soll mir gelingen.
Komm! (auf die Fechtenden deutend) Sieh' nur, steh'n sie nicht wie Gladiatoren?

Petro. (lachend) Versetz' ihm einen tücht'gen Hieb, Juan,
Ich schenk' Dir eine Flasche Malvasier!

(Beide lachend ab nach Seite Rechts in den Garten.)

Alvaro.
Juan.
Velasq.   Petro.
            Antonio.

Zweite Scene. Juan und Alvaro.

(Juan und Alvaro kommen fechtend vor; Juan, mit dem Rücken zum Publikum wird von Alvaro getrieben.)

Alvaro. Der sitzt, — und der — nun so parire doch,
Soll ich mich müde dreschen?
Juan. (versetzt Alvaro einen Hieb an den rechten Arm.)
Alvaro. . . . . Alle Wetter! (er steht dicht an Velasquez' großem Bilde, läßt den Arm sinken und streift dabei das Bild.)
Das war ja eine Finte!
Juan. (laut lachend) . . . . . Ja, der saß,
Die Flasche Malvasier hab' ich gewonnen!
Alvaro. Das hast Du, selber muß ich es bezeugen.
(sieht seine rechte Hand, welche mit Fleischfarbe beschmutzt ist.)
Was hab' ich denn? — (indem er die Farbe abwischt, fällt sein Blick auf das Bild.)
O güt'ger Himmel!
Juan. . . . . Was?
Alvaro. Da, an dem Bilde hab' ich angestreift!
Juan. (erschrocken) Des Meisters Bild? Der Himmel sei uns gnädig! (stürzt hin) Wo? wo?!
Alvaro. . . . . Da unten glaub' ich, an dem Fuß.
Juan. (sehr erregt) Ihr glaubt? Der halbe Fuß beinah' verwischt.
(in Todesangst) Was fangen wir nun an? Ich bin verloren!
Das ist mein Tod! Der Meister jagt mich fort!
Alvaro. (in Angst) Wär' doch nur Einer von den Schülern hier!
Juan. (ebenso) Was sollen die?
Alvaro. . . . . Uns rathen, Hülfe schaffen.
Juan. Die würden gleichfalls zürnen, wie der Meister! —
Ihr wollt ja auch ein Maler sein, versucht,
Vielleicht gelingt's, den Fehler auszubessern.
(Giebt ihm die Pinsel und Palette von Velasquez.)
Da, hier, nehmt Pinsel und Palette, schnell,
Macht an die Arbeit Euch, vielleicht hilft Gott!
Alvaro. (fängt an zu malen) Ich weiß nicht — diese Farbe — scheint zu braun.
Doch — (mischt auf der Palette Farben) — so (malt) — Nein, das ist roth, — (mischt) Nun hab' ich's, da —
Juan. (auf's Höchste erregt, ungeduldig zuschauend)
Wo habt Ihr Eure Augen? — Seid Ihr blind?
Ihr nehmet blau, das wird ja todt und kalt!
Das ist kein Menschenfleisch, da fehlet Wärme.
(Reißt ihm unbewußt Pinsel und Palette aus der Hand und mischt Farben.)

Das ist der Ton, so (malt) muß er sich verbinden.
So (immer malend) — hier — die Fläche größer — und
— die Muskeln
Mehr angespannt, — die Adern — mehr hervor,
Auf diesem Fuß ruht ja der ganze Körper —
Der And're — hebet sich — zum Weiterschreiten
Und so hat er — jetzt — von des Körpers Last
Auch — nichts zu tragen.

Alvaro. (staunend für sich) . . . . . Ich erstaune?!
Juan. (immer malend und andere Farben nehmend)
. . . . Da —
Von dieser Seite fällt — das — Sonnenlicht, —
Darum mehr Schatten h i e r. — Hier muß noch Licht
Auf diesen Sand, — der, — eingedrückt vom — Fuß,
Zu dessen Seite — hier — empor sich wölbt. (malt weiter,
dann die Arbeit betrachtend und vor Erregung ermattet)
Jetzt weiß ich — weiter nichts hinzu zu thun. (bleibt in
der Stellung stehen, Alvaro hat mit stets wachsendem Staunen der
Malerei zugesehen.)
Alvaro. (für sich) Wie ist mir denn? Ist dies der Farbenreiber?
(blickt auf das Bild) Wenn meinen Augen ich vertrauen darf,
So ist die Arbeit trefflich ihm gelungen.

Dritte Scene. Die Vorigen. Velasquez.

Velasq. (mit Hut und Mantel, im Auftreten) Juan!
Juan. (erschrickt und bebt) . . . . Senor?
Velasq. (vor seinem Bilde ohne Juan anzusehen) — Sag' dem Antonio,
Es mögen Alle in der Nähe weilen.
(zu Alvaro) Und Du, laß jetzt die Fechterkünste ruh'n,
Das regt den Staub nur auf. (mit dem Schnupftuch wehend,
jedoch ohne das Bild zu berühren.)
Alvaro. . . . . Ja wohl, Senor.
(für sich) Er findet's nicht, Gottlob, wir sind geborgen!
(Tritt zu Velasquez und fragt mit lauerndem Ton.)
Das Bild ist wohl vollendet schon?
Velasq. . . . . Nicht ganz.
Genauer Prüfung noch bedarf's.
Alvaro. (lauernd) . . . . Nicht wahr,
Die Brüder Josephs sind's, und seine Kleider?
Velasq. So ist's.

Alvaro. . . . . . Der Eine — von den Brüdern — (deutet an) hier,
 Der noch am fernsten steht, und näher tritt,
 Den habt Ihr diesen Morgen ganz vollendet?
Velasq. (prüft die Figur) Es dürfte kaum noch d'ran zu bessern sein.
Alvaro. Er steht — recht kräftig — mit dem Fuß — im Sande,
 Der wölbend sich erhebt.
Velasq. (prüfend) . . . . . . Ja, ja, der Fuß
 Ist nicht das Schlecht'ste, was ich heut gemalt.
Juan. (stand bisher in Todesangst und machte dem Alvaro Zeichen, daß
 dieser schweigen solle. Jetzt ist er plötzlich wie electrisirt, sein Blick
 hebt sich ꝛc. ꝛc.)
Alvaro. (für sich) Ei, steht es so? — dann kann der Bursche mehr.
Velasq. Gehabt Euch wohl! (zu Juan) Warum so still, Juan?
 Sei munter, Freude bringt uns dieser Tag.
 Und wie vereint in unserm Kreise hier
 Wir wirken, schaffen, Jeder nach Vermögen,
 So wird auch Dir Dein Theil beschieden sein.
 (Ab durch die Mitte nach Seite Links.)

Vierte Scene.

Juan, Alvaro (später) Maria.

Juan. (steht noch ganz schüchtern, ohne aufzublicken.)
Alvaro. (nähert sich ihm, faßt ihn am Ohrzipfel und zieht ihn vor.)

Alvaro. Juan.

 Jetzt hab' ich Dich allein, und nun gestehe —
Juan. Erbarmen! Schweigt Senor! Ich fleh' Euch an!
Alvaro. Bekennen sollst Du, Alles will ich wissen.
 Du bist ein Farbenreiber, und kannst malen,
 Daß Deinen Pinsel selbst des Meisters Auge
 Für seinen hält? Heraus nun mit der Sprache.
 Du hast schon mehr, hast lange schon gemalt!?
Maria. (erscheint hinten; als sie das Gespräch hört, bleibt sie lauschend stehen.)
Juan. Nun denn, Euch kann ich es wohl anvertrau'n:
 Ja, oft schon, Morgens in der Früh', ganz heimlich.
Alvaro. Und warum heimlich denn?
Juan. . . . . Bedenket doch!
 Ich, nur ein Knecht! — Als Sclave kam ich her!
 Verachtet bin ich meiner Farbe wegen.
 Wenn man erführe, daß ich es gewagt —
Alvaro. Was wagst Du denn dabei? — Es würde sich
 Der Meister freu'n. —

Maria. (kommt schnell vor) .. Das sagt' auch ich ihm schon,
Er will's nicht glauben. (zu Juan) Nun hörst Du es doch.
(zu Alvar) Und wenn der Meister erst das Bild geseh'n,
Das schöne Bild, das er gemalt —
Juan. (erschrickt) . . . . Maria!
Maria. Ei was, Du nennst es schlecht, ich nenn' es schön.
(zu Alvaro) Es wird auch Euch, Señor, gewiß gefallen.
Alvaro. (lebendig) Wo ist das Bild?
Juan. . . . . O, schweiget, schweigt davon.

Alvaro. Maria. Juan.

Fünfte Scene. Die Vorigen, Calderon.
(durch den Garten von Seite Links.)

Calber. Alvaro.
Maria. Juan.

Calder. (zu Alvaro) Ich suchte Euch! (winkt ihm)(Alvaro nähert sich ihm)
. . . . (leise) Der König ist geneigt,
Im Heer Euch eine Stelle zu verleih'n,
Sobald Ihr völlig vorbereitet seid
Und Euer Oheim für den Plan gewonnen.
Alvaro. (leise) Ich dank' Euch, edler Don! Ihr sollt erfahren,
Daß ich der Ehre würdig mich erweise.
(noch mehr heimlich) Doch nun erlaubt mir, daß ich ein Geheimniß
Euch anvertrauen darf, woran vielleicht
Das Glück, das Schicksal eines Menschen hängt.
Calder. Sprecht. — Was es ist, wo Calderon kann nützen,
Hat man noch niemals säumig ihn gefunden.
(Zieht sich mit Alvaro zurück. Dieser erzählt ihm pantomimisch den
Hergang mit Juan's Malerei am Bilde des Velasquez; ferner, indem
er auf Maria deutet, daß diese ein Bild von Juan besitzt; Calderon
staunt, betrachtet die von Juan gemalte Stelle ꝛc. Juan und Maria
stehen während dem ganz vorne; das ganze Zwiegespräch leise.)
Juan. O, wie bereu' ich, daß ich Dir vertraute.
Erfährt es nun der Meister, dann — wer weiß
Ob er nicht zürnend mich von dannen jagt.
Maria. Du bist ein Narr! Was hast Du denn verbrochen?
Ein Bild darf Jeder malen, dem's beliebt,
Ob gut, — ob schlecht, das ist dann seine Sache.
Und mir, mir ist Dein heimlich Bild so lieb —
Viel lieber noch, als Alle, die da steh'n.
Juan. Es mag ja sein, erfreue Dich daran,
Soviel Du willst, nur halte es verborgen,
Daß keines Menschen Auge es erspähe,
Und sei behutsam, ich beschwöre Dich.

Maria. So sei doch ruhig, ich begreif' Dich nicht.
Wozu die Angst? Es müßte doch Dich freu'n,
Wenn Jemand voll Bewunderung einst fragte:
„Wer ist der Meister, der dies Bild gemalt?"
Juan. Nie darfst alsdann Du meinen Namen nennen!
Maria. Verschwiegen werd' ich gegen Jeden sein,
Der schlecht es nennt, wie Du, und nichts versteht. (stößt ihn)
Kommt aber Einer, der es lobend preist,
Dann weiß ich sicher, daß er Kenner ist,
Dann, — (lachend) schmollst Du noch so sehr, dann —
nenn' ich Dich!
Alvaro. (ruft) Maria!
Maria. (eilt hin) . . . Ihr befehlt?
Alvaro. . . . . Der edle Don
Will gnädig einen Auftrag Dir ertheilen.
(geht zu Juan und spricht pantomimisch vom Fechten ꝛc., um ihn aufzuheitern.)
Maria. Gebietet, Don.
Calder. . . . . Zu einem schönen Fest
Bedarf der Blumen ich, den Saal zu schmücken;
Doch Blumen, die man nicht alltäglich findet.
Hast Vorrath Du?
Maria. . . . . In meinem kleinen Garten
Steh'n viele Sträuch' in voller Blüthenpracht.
Wenn's Euch beliebet, selber auszuwählen —
Calder. Das eben wünsche ich. — Geleite mich.
Lebt wohl, Alvar. (Alvar verbeugt sich.)
Maria. (kommt vor zwischen Beide; zu Juan) Laß doch den Kopf nicht
hängen.
(zu Alvaro) Steht er nicht wie ein armer Sünder da?
Hat er wohl Grund? (zu Juan) Ich sage Dir, Juan,
Ich mag das nicht, ich mag Dich so nicht leiden!
Froh sollst Du sein, ich will Dich lachen seh'n.
(Stößt ihn) So lache doch!
Juan. (lächelt wehmüthig.)
Maria. (zu Alvar) . . . . Seht nur, das nennt er lachen!
Gut, bleibe so: Willst Du Dich nicht bekehren,
Sollst Du von mir kein freundlich Wort mehr hören.
(Mit Calderon ab in den Garten nach Seite Rechts.)

Calder. Maria.

Alvaro. Juan.

Calder.

Alvaro. Maria. Juan.

Sechste Scene. Alvar, Juan.

Alvaro. Du bist ein Thor, Maria hat ganz recht.
Komm, laß uns weiter fechten.

Juan. . . . . Raset Ihr?
Nie mach ich wieder solche tollen Streiche!
In Angst und Beben werde ich fortan
Hier durch den Saal nur gehen, stets besorgt,
Ich richtete ein neues Unheil an.
Alvaro. (hat ihn beständig firirt)
Pah! Du wirst hier noch leicht und froh Dich fühlen.

Siebente Scene.

Die Vorigen, Valtero, Petro, Antonio, Bustos, Ambrosio, Diego
(kommen aus dem Garten von Seite Links.)

Valtero. (noch hinter der Scene, lacht) Haha! Gerupft ist Bustos! (Sie treten auf) Kommt herein!
Im Garten brennt die Sonne, hier ist's kühl!
(Er hat in der linken Hand Geld, in der rechten drei Würfel; geht an den Tisch von Seite Links, legt das Geld auf den Tisch und schüttelt die Würfel)
Heran! Wer hält? Hier sind wir ungestört.
Juan, halte Wache. Wenn der Meister kommt,
So rufe! (schüttelt immer die Würfel.)
Antonio. (spöttisch) Stets die Würfel in der Hand!
Das ist unchristlich, das ist wahre Sünde!
Valtero. Laß Dich belehren, guter, frommer Christ:
„Wenn nie es eine Sünde hätt' gegeben,
„So wär' dagegen kein Gesetz erfunden.
„Damit nun das Gesetz zu Recht bestehe,
„Darf auch die Sünde aus der Welt nicht scheiden."
Alle (außer) Antonio (lachen.)
Valtero. Beherz'ge dies! Und nun frisch angesetzt!
(Petro, Ambrosio, Alvaro und Diego setzen.)
Hier, diese ganze Summe geb' ich Preis!
(Wirft) Getroffen! (Zieht das Geld ein; es wird wieder gesetzt, er wirft) . . . . . Da, gefehlt! Nun, Petro, Du.
Petro. (legt Geld auf den Tisch, es wird gesetzt.)
Setzt nicht zu hoch, denn klein ist meine Kasse. (Schüttelt die Würfel.)
Valtero. Du kannst nicht mehr verlieren. als Du hast.
(ungeduldig) So schüttle nicht so lange, wirf!
Petro. (wirft) . . . . Gefehlt!
(Die Andern ziehen ein. Petro legt die Würfel hin.)
Valtero. Will Keiner werfen? Her damit! (Nimmt die Würfel) Wer hält?

Da, (zieht noch Geld aus der Tasche) meine ganze Baarschaft
 ist zu haben:
Fünf Stück Dublonen sind's, (schiebt das Geld auseinander)
 sechs Scudo hier
(noch eine Hand voll kleines Geld) Und eine Hand voll Maravedi noch;
(schüttelt) Setzt hoch, vielleicht könnt Ihr den Vogel rupfen!
(Es wird gesetzt; zu Antonio) Antonio! (schüttelt) Die Mutter-
 pfennige
Sind Dir wohl in den Gürtel eingenäht. (Alle lachen; er
 wirft.)
Gewonnen! (zieht das Geld zusammen) Nun, wer hält den
 ganzen Plunder?
(schüttelt) Will Keiner?

Ambros. . . . . Meine Taschen sind schon leer.
Petro. Und die gerupften Vögel sind nun wir.
Baltero. (steckt das Geld ein) Was ich gewonnen, gebe ich zum Besten.
 Ihr Alle seid geladen. Du, Juan,
 Bist auch dabei, sollst lustig mit uns sein.
Antonio. (spottend) Stets übertrieben! So im Jubel heut,
 Als gestern Du in Deinem Zorne warst.
Baltero. (versteht ihn nicht) Im Zorne? gestern? (heftig) Ach, Du meinst
 den Berto!
 Dem ist es nicht geschenkt, verlaß Dich d'rauf;
 Der soll mir sicherlich noch vor die Klinge.
Alvaro. Von Klinge ist die Rede? Steht es so?
 Dann red' auch ich ein Wort!
Baltero. . . . . Was willst Du reden, —
 Du bist kein Künstler, wirst nie einer werden.
Alvaro. Nein, mit dem Pinsel nicht, doch mit der Klinge,
 Da bin ich Meister. Schaff' mir nur den Mann,
 Ich will ihn zeichnen, daß Du sagen sollst,
 Es sei noch kein Gesicht so gut getroffen.
Juan. (heiter) Ja, so wie er, führt Keiner wohl den Degen.
Alvaro. Mir übertrag's, ich fordr'e ihn heraus,
 Und Leib und Leben setze ich daran,
 Ich kürze an dem weingeschwoll'nen Schädel
 Um einen ganzen Zoll die Nase ihm.
Baltero. Ich fechte meine Sache selber aus.
Alvaro. Nichts da, mein sei das Werk! Nicht, daß ich glaubte,
 Es fehlte Dir an Muth, jedoch bedenk',
 Wie leicht der Böse sich in's Spiel kann mischen,
 Und Schade wär' es doch, wenn er vielleicht
 Dir einen Flügel lähmte, oder ihm
 Nach einem Auge gar von Dir gelüstet;

7

Das hieß' auf ewig Dich der Kunst entzieh'n.
Mir würde es nicht schaden, denn Du weißt,
Daß mich mein Loos auf and're Wege leitet;
Doch sei gewiß, ich halt' ihn in Respect.

Achte Scene.

Die Vorigen. **Quezada** (tritt jetzt ein und bleibt, als er Petro reden hört, erstaunt im Hintergrunde stehen.)

Petro. Recht hat Alvaro, denn in dieser Kunst
Ist er Dir überlegen, also mag
Er dreist statt Deiner in die Schranken treten.
Valtero. Statt meiner? Nein. — Mag er in Gottes Namen
Denn zeigen, wie es steht mit seiner Kunst;
Ich geb' es b'rum nicht auf.
Ambros. (und die) Andern . . . . . . So sei es denn!
Petro. (zu Alvaro komisch pathetisch)
Du bist als Würdigster hiermit erwählt;
Es soll Dein Werk die Ehre uns'rer Schule
Mit Glanz vertreten und den Sieger krönen.
Quezada. (für sich) Was höre ich? Der Würdigste?
Alvaro. . . . . Ihr sollt
So mit der Zeichnung, als dem Colorit
Zufrieden sein, ich bürge Euch dafür.
Bustos. Nur hüte Dich, daß es geheim noch bleibe
Vor unserm Meister.
Alvaro. . . . . Auch mein Oheim darf
Das mind'ste nicht von unserm Plan erfahren,
Gelobet Alle mir Verschwiegenheit.
Diego. Wir werden schweigen.
Alle. . . . . Unser Wort darauf!
Quezada. (für sich) Ein Werk, ein großes! Und geheim soll's bleiben?
Ich halte mich nicht mehr! (stürzt vor) O, Götterjunge!
Alle (erschrocken)
Alvaro. Mein Oheim! (für sich) Himmel! (zu einem Nahestehenden) Seid
behutsam Alle!
Quezada. Alvar! Meine Neffe! Sohn! Komm an mein Herz!
(reißt ihn an sich)
Alvaro. (verwirrt) Mein Oheim, — diese Güte, —
Quezada. . . . . Ei, was Güte,
Sprich nicht davon, ich danke Dir ja Alles,
Du führst mich dem erwünschten Ziel entgegen!
Valtero. (leise zu einem Schüler) Was meint er?

Die Schüler.

Petro.
Quez. Alvaro.

Alvaro. Ich versteh' Euch
wahrlich nicht.
Queraba. (schlau) Verstehst mich nicht? (lächelnd zu den Andern) He, he,
versteht mich nicht.
O Schelm! Ha, ha! Wirst schon verstehen, wenn —
(für sich) Doch halt, es soll ja ein Geheimniß bleiben —
(laut lachend) Ja, ja, mein liebes Kind, — ja, ja Ihr
Herrn;
(zu Alvaro) So lache doch!
Alvaro. (gezwungen lachend) . . . Ja, ja!
Petro. (lachend) . . . . Ja, ja!
Alle. (lachend) . . . . Ja, ja!
Queraba. (sieht lachend Einen nach dem Andern an; für sich)
Die Wetterbursche! Sie verrathen nichts.
Mir gleich, ich weiß doch nun, woran ich bin,
Und will dem Jungen eine Freude machen.
(laut) Ich komme nur, mein Kind, um Dich zu sehn,
Zu fragen, ob Du fleißig vorwärts schreitest
Und ob vielleicht ein Wunsch in Dir sich regt?
Sprich also frei heraus, was es auch sei,
Was nur Dein Herz begehrt, Du sollst es haben.
Alvaro. Mein theurer Oheim, — diese große Güte —
Queraba. (zieht ihn bei Seite, leise)
Ich weiß schon Alles, — hab's vorhin gehört,
Wie hoch Du stehst in Achtung der Genossen,
Daß Alle Dich den Würdigsten genannt.
Zu einem Werke hat man Dich erkoren,
Das Ruhm Dir bringen soll, und Sieg und Ehr'.
Alvaro. (erstaunt) Ihr habt gehört?
Queraba. . . . . Ich habe.
Alvaro. . . . . Und Ihr billigt?
Queraba. Nur dreist und muthig, wie ich stets Dir sagte,
Es kann nicht fehlen, Du erringst den Sieg.
Alvaro. (laut) Valtero, Petro, freuet Euch mit mir!
Der Oheim weiß bereits um das Geheimniß,
Er hörte Alles, was wir hier beschlossen,
Und willigt ein.
Petro. . . . . Ah, das ist brav, Senor!
Queraba. Wie sollt' ich nicht? (zu Alvaro) Wann denkst Du's zu
vollbringen?
Alvaro. (recht heiter) Mich findet jeder Augenblick bereit!
Queraba. So schnell? Besonnen! Ueberril' Dich nicht!
Alvaro. Es darf der Meister nichts davon erfahren,
D'rum, Oheim, gilt es jetzt verschwiegen sein.

Quexaba. Mein Wort barauf, und bann, mein lieber Junge, —
Wenn Du nun rühmlich haft den Sieg errungen,
Dann sieht der König Dein gelung'nes Werk.
Petro. (lacht) Das wäre möglich!
Alvaro. (für sich) . . . . Leider muß ich's fürchten.
Quexaba. (zu Petro) Der König soll es sehen, (leise zu Alvaro) muß er=
fahren,
Wer Dich geleitet auf die Bahn des Ruhms.
Dann krönet seine Gnade meinen Wunsch,
Und Du, Du kannst dann einen Lohn begehren,
Wie ihn der König selbst nur zahlen kann.
Alvaro. Mein Oheim, ich verstehe Euch nicht ganz,
Ihr redet von —
Quexaba. (leise) . . . . Dem großen Werk, dem Bilde.
Es hat der Meister schnell Dich eingeweiht,
Das ist ja klar, sonst war es auch nicht möglich.
Alvaro. (erschrickt, leise zu Petro) Um's Himmelswillen, seid auf Eurer
Hut,
Er glaubt von einem Bilde sei die Rede!
Quexaba. (triumphirend zu den Schülern)
Ja, ja, Ihr Herrn, der überflügelt Alle.
Und da Ihr mit Verstand den Rechten wähltet,
Will ich, — die Wahl zu ehren, die Ihr traft, —
Ein Fest, ein königliches Euch bereiten,
Zu dem Ihr Alle eingeladen seid.
Baltero. In Aller Namen nehm' ich's dankbar an.
Es soll bei jedem hellen Klang der Gläser
Ein donnernd Hoch auf Euer Wohl erschallen,
So lange noch ein Tropfen perlt im Glase.
Ein Spielchen dann, — die Würfel klappern hell;
Ihr würfelt selber mit, — genirt Euch nicht,
Wir nehmen Alles, Silber oder Gold.
Quexaba. (lachend für sich) Der Wein, die Würfel, das ist Künstler Art;
Ein tolles, wildes, ausgelass'nes Volk!

Neunte Scene. Die Vorigen. Maria,
(kommt von Rechts aus dem Garten)

Juan. (ist während der vorigen Scene zurückgegangen, hat die Bilder auf
den Staffeleien noch gerichtet, die Stühle gestellt, etc.)
Maria. (nach Seite Links deutend, zu Juan) Der Meister kam soeben
in den Garten,
Und mit ihm viele reichgeschmückte Herrn;

                                61

          Ja, — irr' ich nicht, so ist der König selber
          In ihrer Mitte.
Juan.   (erschrocken) ... Wie? Du sagst der König?
          (ruft) Senor Baltero! Seht, da nahen Fremde!
Baltero. (blickt hin) Der König ist's! An Eure Plätze, schnell!
Alle.   (treten zu ihren Bildern)
Quezada. Der König? — Schon? — O, der kommt mir zu früh.
          Alvar, in meiner Nähe bleib'!

                Zehnte Scene. Die Vorigen, Calderon.
                       (von Links durch den Garten)

Calder.   (hinten bleibend zu den Schülern) . . . Es wird
          Des Königs Majestät sogleich erscheinen
          Von einem hohen, werthen Gast begleitet.
                   (zu Maria leise) Hast Du gethan, wie ich Dir aufgetragen?
Maria.   (leise) Ich habe.
Calder.   (leise) . . . . . Gut, so acht' auf meinen Wink.
                   (Wendet sich, um den König zu empfangen.)
Maria.   (zieht sich nach Rechts zurück und kommt erst wieder hervor, wenn
          der König mit den Uebrigen aufgetreten ist.)

                        Eilfte Scene.

Vorige. Der König, (zwischen) Belasquez (und) Rubens, 4 bis 6
                      Hofherrn. 2 Pagen.
              (Die Schüler verbeugen sich, Quezada und Alvaro desgleichen)

König.   (im Eingange des Saales, zu Belasquez)
          In Eurem Park ist künstlerisch geordnet,
          Was gütig uns der milde Himmel schenkt.
          Wie Ihr gesorgt, daß sich mein Auge labe
          An allen Segnungen der Natur,
          So bietet Ihr dem Blicke Eures Königs
          Hier die belebend schöne Welt der Kunst.
Belasq.   Was in der schönen Welt der Kunst erblüht,
          Kann reifen nur durch meines Königs Gnade.
König.   (kommt langsam vor; zu den Schülern)
          Die frische Künstlerjugend sei gegrüßt;
          Euch ward das schöne, ehrenvolle Loos,
          Der Nachwelt gültig Zeugniß abzulegen,
          Was einst in Spanien wir hervorgerufen.

                                              Maria.
Calderon.   König.   Juan.
                   Rubens.
Diego.   Belasquez.
Bustos.   . Baltero.
Ambrosio.   Petro.
                                             Antonio.
                                             Quez. Alvaro.

Wenn froh den heut'gen Tag Ihr habt begrüßt,
So dürft Ihr seiner um so mehr Euch freu'n,
Da ich, — von einem werthen Gast begleitet, —
Erscheine, dem zugleich ich übertragen,
Das Richteramt statt meiner auszuüben.
(Stellt Rubens vor.)
Ambrosio. (für sich) Wie, seh' ich recht?
Antonio. (für sich) . . . . Das ist der Bilderhändler!
Velasq. (zu den Schülern) Der hohen Gnade danken wir die Ehr',
Den König uns'rer Kunst hier zu begrüßen;
Denn Euer Richter hier ist — Meister Rubens!
Die Schüler (erschrocken, verbeugen sich, indem sie sich gegenseitig mit verlegener Miene ansehen.)
Valtero. (indem er sich verbeugt, sieht mit freudigem Blick auf Rubens.)
Antonio. (für sich) Daß ich das früher nicht gewußt! Verwünscht!
Ich hätte sicher ihn für mich gewonnen.
Rubens. (zuerst zu den ihm rechts stehenden Schülern, während der Worte sich wendend, hinter dem König herumgehend, so, daß er mit dem letzten Worte neben Valtero steht)
Ja, ja, Ihr Herrn! wir lernten schon uns kennen.
Valtero. (als er Rubens sah, hat die bewußte Palette vom Tisch genommen, welche er heimlich Rubens zeigt, leise)
Den P R werd' ich heilig aufbewahren,
Und seine Lection vergeß' ich nie.
Rubens. (lächelnd, leise) Noch Rubens Euch. (Zu Belasquez) Und nun,
mein theurer Freund,
Da ich, — Ihr wißt es, — gestern schon erkannte,
Was unter Eurer großen Meisterschaft
In Eurer Schule Ihr herangebildet, —
Bin ich begierig, wie die jungen Herrn
Im Kampfe um den Ehrenpreis sich zeigen. —
So wollen wir die Musterung beginnen.
Calber. (giebt jetzt Maria einen Wink, diese geht ab und kommt gleich mit dem Bilde von Act 1, welches ganz in weißes Leinentuch eingehüllt ist, zurück. Calderon nimmt es und geht hinter Juan vor nach Seite Rechts; dort stellt er es an die Wand. Maria folgt ihm.)
Rubens (hat sich den Bildern, welche Seite Links stehen, zugewendet, König und Belasquez desgleichen; während dem)
Quexaba. (für sich) O, wär' doch früher schon mein Plan gereift,
Dann stünde jetzt Alvar als Sieger da.
Maria. (zu Calderon heimlich; Beide stehen jetzt ganz vorn Seite Rechts.)
Ihr habt versprochen, daß dem armen Juan
Kein Leid geschehen soll.
Calber. . . . . Nein, sei gewiß.
Maria. Und daß er hier darf bleiben.

Quexaba. Alvaro.
Calber. Maria.
Die Uebrigen wie vorher.

Calber. . . . . Sicherlich.
Maria. Gelobt sei Gott! Dann bin ich schon zufrieden.
Calber. (lächelnd) So, würde Dich sein Scheiden wohl betrüben?
Maria. Ach ja, gewiß, recht sehr. Er ist so gut,
So fleißig und so treu in seiner Pflicht,
Daß ihn der Meister schwer vermissen würde.
Die Andern alle sind oft toll und wild,
Doch Juan ist sittsam und bescheiden stets,
Und b'rum ist er von Allen mir der Liebste.
Calber. Der Liebste Dir? Doch nicht der Farbe wegen?
Maria. Die Farbe? Ach, die ist nur äußerlich
Und steht ihm just so gut, wie jenen dort,
(auf die Schüler deutend)
Die Rosen und der Schnee auf ihren Wangen.
Giebt es doch Blumen, die noch dunkler sind
Und die wir b'rum nicht minder liebend pflegen.
Juan (zieht sich in den Garten zurück).
Rubens, (König und Velasquez und 2—3 Hofherren haben unterdeß die Bilder besehen, sich bei jedem besprechend und sind jetzt bis an das erste Bild Seite Rechts vorgekommen. Maria zieht sich hinter die Uebrigen zurück und kommt Seite Rechts ganz vorn zu stehen.)

Die Uebrigen bleiben.
Maria.

Rubens. Des Lobenswerthen bietet sich so Vieles,
Daß die Entscheidung um so schwerer wird. —
Noch einmal müssen wir die Runde machen.
(Wendet sich wieder nach Seite Links, die Uebrigen desgleichen.)
Calber. (hat bei Rubens letzten Worten dem Alvaro einen Wink gegeben, dieser stellt schnell eine Staffelei vorn Rechts hin; Calderon stellt das Bild in der Leinwand auf die Staffelei.)
Erlaubt. Hier harrt ein Letztes noch auf Euch.
Alle (wenden sich, bleiben aber stehen).
Calber. Es hat so eben erst sich eingestellt. (Nimmt die Leinwand ab)
Rubens. (nähert sich und betrachtet das Bild, lächelnd
Ja, ja! (langsam den Kopf nach Velasquez gewendet)
. . . Nicht zu verkennen ist's, (wieder nach dem Bilde sehend, stutzt)
. . . . — Doch nein — (Pause)
Fürwahr, ich täuschte mich, — Ihr seid es nicht, —
Und dennoch find' ich etwas in dem Bilde,
In dem ich Euren Geist erkenne. — Sprecht,
Wer hat das Bild gemalt?
Velasq. (es betrachtend) . . . . Mir ist es fremd.
Rubens. Doch ging aus Eurer Schule es hervor.
König. So scheint auch mir.
Velasq. . . . . Fast möcht' ich's selber sagen.
Rubens. Unzweifelhaft! Das ist ja Euer Styl.
So schön gedacht, und auch so kühn entworfen!

Seht nur, ich bitte Euch, — wie Alles steht,
Wie die Figur da sich herniederbeugt,
Den heil'gen Leichnam in die Gruft zu senken;
Die ganze Gruppe voll von Gram und Schmerz.
Und dann — wie herrlich in der Carnation
Sind die Contraste hier von Tod und Leben:
Die blauen Adern in dem kalten Leichnam,
Die Wärme hier im Fleisch der Trauernden,
Da ist nichts Weichliches, ist nichts Gelecktes,
Da ist der Tod, so wie das Leben wahr!

Maria. (drückt ihre Freude aus)
König. Wenn so begeistert Rubens fühlen kann,
So darf der Künstler stolz sein Haupt erheben.
Rubens. Wie ich nun auch bei längerer Betrachtung
Gar wohl erkenne, was gefehlt zu nennen,
So möcht' ich doch, so seltsam es auch klingt,
Die Fehler in dem Bilde nicht vermissen.
Es muß von eigner Art die Stimmung sein,
Die es hervorgerufen, denn es zeigen
So manche Theile sich noch unvollendet,
Als ob in Eil' und Unruh' es gemalt,
Und and're wieder trefflich ausgeführt.
Doch in der Schwäche, wie in seiner Größe
Ist es, — so wie es ist, — so — eigenthümlich,
So von besonderem Talente zeugend,
Daß ich (umher sehend) den Künstler zu begrüßen wünsche.
Velasq. (zu den Schülern) So redet doch, wem dank' ich diese Freude?
Die Schüler (treten näher.)
Diego. Mir ist es gänzlich fremd.
Ambros. . . . . Ich sah es nie.
Antonio. (zu Bustos leise) Ich finde nichts Besonderes daran.
Valtero. Ich wäre stolz darauf, wenn ich's gemalt.
König, Velasquez (und) **Rubens** (sehen sich verwundert an; sie reden
mit den Schülern. Alle sind erstaunt.)
Quexaba. (hat unter steigender Unruhe Antheil genommen; für sich)
Wie? Keiner von den Allen? — Sollte wohl? —
Sie wollten mit der Sprache nicht heraus —
Am Ende will Alvar mich überraschen!
(zu Calderon) Ihr müßt doch sicher jenen Künstler kennen,
Da Ihr das Bild ja selber hergebracht;
Bestätigt, was ich glaube zu entdecken!
Mein Neffe? He?
Calder. . . . . Nun, leugnen kann ich's nicht,
Er rief es aus der Dunkelheit hervor.
(Zieht sich zurück und kommt zum König.)

Luexaba. (entzückt) O Junge! (faßt Alvaro's Hand; schlau, leise) Sprich!
            was da steht, ist — Dein Werk?
Alvaro. Daß da es steht, das, Oheim, ist mein Werk
            (sprechen leise weiter)
Juan. (wird jetzt sichtbar)
Maria. (für sich) Er nennt es schlecht und Alle loben es;
            Hab' ich doch Recht gehabt, wie freu' ich mich!
Juan (ist eben eingetreten, hat sein Bild erkannt, erschrickt und eilt zu Alvaro.)
Luexaba. (zu Alvaro) Sieh' nur, wie sie die Köpfe sich zerbrechen.
Rubens. (zu den Schülern) Nicht Einer von Euch Allen kennt das Bild?
            Wie kam es denn hieher?
Juan. (in großer Angst zu Alvaro) . . . Ich bin verloren!
            Senor Alvaro, was habt Ihr gethan! (will fort, Alvaro
                                                hält ihn fest)
König. Wie? Keiner von den Schülern weiß darum?
            So kann denn Einer nur das Räthsel lösen.
            Don Calderon? Ihr müßt den Maler kennen,
            Habt Ihr das Bild doch selber aufgestellt.
Belasq. Ihr, Calderon?
Calber. . . . . Ja, Ew. Majestät.
            Ein eig'ner Zufall hat mit diesem Bilde,
            Hat mit der selt'nen Art, wie es entstanden,
            Mich erst vor kurzer Zeit bekannt gemacht.
            (zu Belasquez) Zürnt nicht, daß ich in Eure Rechte griff,
            Denn wie auch Keiner von den Schülern allen
            Dies Werk als seine Schöpfung anerkennt,
            Aus Eurer Schule ging es doch hervor.
Belasq. Aus meiner Schule sagt Ihr? — Wunderbar!
Calber. (hat dem König, indem er auf Juan deutet, den Hergang erzählt.)
König. (leise) Wie? — Wär' es möglich, Calderon? (sieht nach Juan)
Calber. (leise) . . . . Es ist.
            Einmal vom Götterfunken angefacht,
            Ward das Genie zur lichten Flamm' entzündet.
            Sie drang hervor; nicht drückende Beschwerde
            Vermochte sie zu dämpfen.
König. (laut) . . . . Nun wohlan!
            Don Calderon hat eben uns vertraut,
            Der Künstler, dem wir dieses Werk verdanken,
            Sei gegenwärtig. So befehlen wir,
            Daß er vor unserm Angesicht erscheine.
Juan. (will fliehen, Alvaro hält ihn fest an der Hand.)
            (leise) Senor Alvar, ich bitt' Euch, habt Erbarmen,
            Laßt mich entflieh'n, sonst bin ich ja verloren!
Alvaro. (leise) Bleib', sag' ich Dir, es führt zu Deinem Glück.

Juan jetzt im Hintergrunde.

Die Uebrigen bleiben.

Alvaro. Juan.
Quex.

Quexaba. (für sich) Ich halte mich nicht mehr. (laut) O Majestät!
(zu Calderon) O, edler Don! (zu Velasquez) Und Ihr,
erhab'ner Meister!
Was Eurem Kennerblick ein Räthsel blieb —
Wenn es vergönnt ist, — ich vermag's zu lösen.
König. Ihr? (zu Velasquez) Wer ist dieser Mann?
Velasq. . . . . Señor Quexaba.
Quexaba. Der reichsten Männer Einer in Madrid,
Ein Freund der Kunst, ein großer Enthusiast,
Zu jedem Opfer für die Kunst bereit!
Das Größte (auf Alvaro deutend) habe ich schon dargebracht
Und hoffe, nun den Lohn dafür zu ernten.
König. Ei, dem Verdienste werde stets der Lohn.
Jedoch zuvor mögt Ihr die Lösung geben,
Indem den Schöpfer dieses Bildes Ihr
Nun vor uns führt, damit aus unserm Munde
Er selbst vernehme seines Königs Gnade.
Quexaba. (entzückt) O Majestät! Das kann sogleich gescheh'n.
(winkt Alvaro) So möge der bescheid'ne Künstler denn
An meiner Hand an's Licht hervor nun treten.
(Faßt Alvaro's rechte Hand; Alvaro hält Juan mit der Linken, dieser
sträubt sich und kommt dadurch hinter Alvaro, Rücken an Rücken.)

Die Uebrigen bleiben.

Quex. Alvaro. Juan.

Alvaro. (leise) Oheim, Ihr irrt; ich bin der Rechte nicht. (Zieht
Juan vor.)
(laut) Hier ist der Künstler, der das Bild gemalt.
Quexaba. Ha! Was ist das? Gleich pack' Dich, Farbenreiber!
(Greift nach Alvaro.)
Alvar!
Alvaro. (Juan festhaltend, jubelnd)
. . . . . Nein, Oheim, er ist schon der Rechte,
D'rum führet ihn nur vor, sein ist der Ruhm!
Maria. (in die Hände klatschend und in jubelnder Freude, recht laut)
Ja, ja, so ist's! Der Juan hat es gemalt;
Ich kann's bezeugen, und aus seiner Hand
Erhielt ich als Geschenk das liebe Bild,
„Die Grablegung des Herrn", so nennt er es.
Velasq. (freudig) Wie? Ist es möglich? Juan? Ist's Wahrheit?
Sprich!
Du hättest wirklich —
Juan. (wirft sich ihm zu Füßen) Gnade, edler Meister!
Vergebt dem schlechten Sclaven, der es wagte —
Velasq. (richtet ihn auf) Was sprichst Du von „Vergeben?" Sieh'
umher,
In aller Augen strahlet hell die Freude.

Maria. Das hab' ich ihm — wer weiß, wie oft, gesagt;
  Doch er war dumm und wollte mir nicht glauben.
Juan. (lacht und weint vor Freude.) Die Schüler (freundlich, außer)
  Antonio, (reichen ihm die Hand und winken ihm zu)
König. (zu Calderon, indem er auf Juan blickt, verwundert)
  So aus sich selbst, und ohne Schul' und Lehre?
Calder. Das eben ist die selt'ne Göttergabe,
  Es ist das Kunstgenie, das in ihm wohnt.
König. (beifällig nickend) Das Kunstgenie, ja, ja. (Kleine Pause, nach-
  denkend) Nun, aber, Rubens,
  Wir harren noch auf Euren Richterspruch.
  Wer ist der Sieger? Wem gebührt der Preis?
Rubens. Erlaubet, Majestät! (zu den Schülern) Ihr jungen Freunde!
  Ihr Alle habt Euch würdig hier erwiesen.
  So laßt aus Eurem Munde uns vernehmen,
  Wen Ihr am würdigsten des Preises achtet!
Die Schüler. (sehen sich fragend an.)
Valtero. Wie Rubens denkt, so denken Alle wir!
  Juan ist der Sieger! Seinem Bild die Ehr'!
Rubens. (feurig) Das ist ein Künstler-Urtheil, Majestät!
König. Dem Spruche stimme gern' ich bei. (zu Juan) Tritt näher!
Petro. (schleicht leise zu Maria.)
König. (winkt einem Pagen, welcher auf einem Kissen eine goldene Kette mit
  daran hängender goldner Medaille trägt.)
  Die gold'ne Kette hier mit unserm Bilde,
  Sie ist als Ehrenpreis Dir zuerkannt. (legt ihm die Kette um.)
Juan. (ist niedergekniet und weint vor Rührung.)
König. Und hast noch einen Wunsch Du auf dem Herzen,
  Sprich' frei ihn aus, er sei Dir zugestanden.
Petro. (heimlich zu Maria.) Ich kann es mir schon denken, was er
  wünscht.
Juan. So gebt mir, wenn Ihr mich erheben wollt,
  Was nur allein mich glücklich machen kann,
  Gebt mir — die Kunst, laßt mich ihr angehören!
Maria. (für sich, freudig) Ach, das ist recht! Dann kann er fleißig
  malen!
Velasq. Als Schüler bist Du bei mir aufgenommen.
Juan. Dies Glück! — Ist es denn wahr? Mein edler Meister!
Valtero. Gieb' mir die Hand.
Die Schüler. . . . . Willkommen bist Du uns!
Petro. (zu Maria, leise) Warum er Dich zum Weibchen nicht begehrt,
  Das faß' ich nicht; sein Glück hat er verscherzt.
Maria. (leise) Ihr seid ein Thor mit Euren Neckereien.
  (begeistert) Juan soll ein Künstler sein, das ist sein Glück!

Die Uebrigen bleiben.
Petro.
Maria.

Petro. (geht zu den Schülern.) Belasquez und Rubens (reden mit)
  Juan.
Calber. (leise zum König) Verzeihung, Majestät, wenn ich es wage,
  An meinen Schützling zu erinnern.
König. . . . . Recht!
  Wo ist der junge Mann?
Calber. . . . . Dort Majestät.
  Und jener Alte mit der mürr'schen Miene,
  Er ist der Oheim.
König. . . . . Gut. (laut) Señor Queraba.
Queraba. (hat bisher mit Alvaro geschmollt)
  Befeh — len — Majestät?
König . . . . Ich bin erfreut,
  Euch hier zu sehn.
Queraba. . . . . O, gnäb'ge Majestät —
König. Ihr seid ein Freund der Kunst, wie ich erfahren?
Queraba. (verblüfft) — Ja — Majestät —
König. . . . . Ihr seid ein Kenner?
Queraba. . . . . Ich —
König. Ein reicher Mann.
Queraba. . . . . Das bin ich, das ist wahr!
König. Habt einen wackern Neffen, wie man sagt,
  Der Eurem Namen Ehre bringen wird.
Queraba. (für sich) Da haben wir's! O weh, nun ist's vorbei!
König. Wo ist der junge Mann?
Queraba. . . . . Hier, Majestät.
  (für sich) Das Unglückskind! Nun wird der König fragen,
  Was er gemalt.
König. . . . . Ein kräft'ger Jüngling ist's,
  Aus seinen Augen blitzet kühner Muth.
  Ich irre nicht, es wird das Vaterland
  Als wackern Helden einst ihn ehren.
Queraba. (verstimmt) . . . . Wie?
König. (zu Alvaro) Ich biet' Euch einen Platz im Heere an,
  Vorausgesetzt, daß auch der Oheim hier
  Es nicht verschmäht, die Stelle zu bekleiden
  An unf'rem Hof, die ihm zu übertragen,
  Wenn er sie annimmt, ich gesonnen bin.
Alvaro. (freudig) O Majestät —
Queraba. Ich? An den Hof? Die Gnade!
  (heimlich zu Alvaro) Daß Du nicht widersprichst. (laut) O,
  Majestät;
  (mit Pathos) Mein Neffe in den Krieg, ich an den Hof,
  Das war das Ziel, nach dem wir Beide strebten!
  Welch' Amt wird mir zu Theil? Und welcher Titel?

Die Uebrigen bleiben.
  Juan.
König. Calber.
Maria.   Quer. Alv
Calber.
  Alvaro
König. Quer.

König. Ein neues Amt gebührt dem reichen Mann,
Und Euer Titel sei — **Hof-Kunst-Mäcen!**
Alvaro. (geht zu Calderon)
Quexada. **Hof-Kunst-Mäcen!** Ein neuer, schöner Titel!
Und — Majestät — was habe ich als solcher? —
König. Nicht leicht ist es. — Vernehmt: Wer von den Schülern
Am Jahrestag als Sieger wird gekrönt,
Der soll drei Jahre lang, — zu seiner Bildung, —
Dann nach den Niederlanden und Italien zieh'n,
Und der Hof-Kunst-Mäcen — bezahlt die Kosten.
Ihr seht, daß ich nur einem reichen Mann
Ein so bedeutend Amt vertrauen kann.
Alvaro. (leise zu Calderon) Dank, edler Don.
Calder. (leise) . . . . Schon gut.
Quexada. . . . . Hof-Kunst-Mäcen!
Damit ich ehrenvoll mein Amt verwalte,
Gestattet gnädigst, daß ich, statt des Einen,
Ein halbes Dutzend auf die Wand'rung schicke,
Dann lernt die Welt doch meine Würde kennen.
König. (lächelnd) Wir werden die Gelegenheit ergreifen.
(zu Maria) Es bittet Dich Dein König, holdes Kind,
Nun um dies Bild, „die Grablegung des Herrn."
Den würd'gen Platz, der ihm mit Recht gebührt,
Soll es in unserm Escuriale finden,
Als bleibend Denkmal zu des Meisters Ehre.
Ein Andres wird er zum Ersatz Dir malen,
Und zwar das Erste sei's, was er vollendet.
Doch ist Dir eine Summe Goldes lieber,
So sprich nur dreist es aus.
Maria. . . . . Nein, Majestät,
Juan soll ein Bild mir malen, wieder eins,
So schön und fromm, wie dies.
König. (zu Juan) . . . . Der Künstler sorge,
Daß bald erfüllet sei des Kindes Wunsch.
Wie mir Don Calderon berichtet hat,
Ward Dir schon früh ein hartes Loos zu Theil.
So fandest unter drückender Beschwerde
Du Trost im Glauben nur, und in der Kunst?
Juan. Nur in dem Glauben, den der Priester lehrte,
Wenn wir zu frommer Andacht ihn umkreisten,
Obgleich ich manche Lehre nicht verstand.
Es war die Pflanzung neu, und eine Kirche
Noch nicht erbaut, somit war auch die Kunst
Mir gänzlich fremd, ich kannte nicht das Wort.

Calder. Alv.

Die Schüler.
Rubens. Juan. Velasq.
Calder. Alv.
König.
Maria.   Quex.

Rubens. Und als den span'schen Boden Du betratest?
Juan. Da erst lernt' ich den Glauben ganz erkennen.
 Ich hörte hier der Orgel Töne schallen
 Und die Musik in den gewölbten Hallen.
 Ich sah die Bilder an den Wänden prangen
 Und glaubte schon dem Himmel nah' zu sein!
 Konnt' ich doch nimmer denken, daß von Menschen
 So Hohes, Göttliches erschaffen sei.
 Das Alles hatte ich geseh'n, empfunden,
 Als ich (zu Velasquez) zu Euch mit Don Pareja kam.
Calber. Und hier ward's völlig Deinen Sinnen klar,
 Wie nah' die Kunst dem Göttlichen verwandt!
Rubens. (reicht Juan die Hand) Somit begrüß' ich Dich als Kunst-
 genosse!
 Es ist die Zeit der Bildung, nütze sie.
 Dein Genius hat Dich auf den Weg geleitet,
 Verfolge ihn, er wird zum Ziel Dich führen. (Umarmt ihn.)
König (zu Calderon). Ihr redet wahr, (auf die Künstler deutend.)
 . . . . Sie dürfen ihre Kunst
 Als ein Geschenk des Göttlichen verehren,
 Denn Wunder übt sie hier vor unsrem Blick. —
 Als einst aus finsterm Heidenthum der Glaube
 Mit siegender Gewalt hervorgedrungen,
 Und sich dem Menschenherzen eng verband,
 Entsproß dem Bunde bald die schönste Frucht,
 Es war die Kunst!
Calber. . . . . Ja, Ew. Majestät.
 Sie lehrt uns hier, daß wahre Kindesliebe
 Stets dankbar den Erzeugern sich erweise:
 „Wie einst der Glaube sie hervorgerufen,
 Dem Edlen, Schönen dienstbar stets zu sein,
 So führt sie hier (deutet auf Juan) von des Altars
 Stufen
 In ihre schöne Welt den Gläub'gen ein."

Ende des Stückes.

Die Schüler.

Belasq. Rubens.
     Juan.
Calber. König.   Alvaro.
Maria.   Quexaba.

Bemerkungen.

Der gebildete Künstler bedarf meiner Belehrung nicht, aber gerade dieser wird dem an Erfahrung reichen Kunstgenossen beistimmen: daß zwar „ein Jeder sich berufen fühlt, doch der Auserwählten es Wenige giebt." Im Voraus sage ich allen Kunstgenossen Dank, wenn sie den Aufgaben sich mit Wohlwollen unterziehen. Gleichfalls Dank Jenen, welche eines Rathes bedürfen, wenn sie diese meine Andeutung nicht verschmähen.

1. Der König. — Mann von ca. 40 Jahren, würdevoll ohne Prätension, Hinneigung zum Humor.
2. Calderon. — 36 Jahr. Da wo Kunst und Wissenschaft besprochen wird, leisen Anklang von Resignation. Kleidung: Schwarz. Der Einzige, welcher durchaus Schwarz.
3. Velasquez. — Milde, liebenswürdig. Der Darsteller möge den didactischen Theil der Stelle (Act 2, mit den Schülern) von Pathos frei zu halten suchen. Seine Stellung als Lehrer giebt ihm hinlängliches Uebergewicht; die Belehrung wird durch eine nicht zu schwere, nur mit den nöthigen Accenten verbundene Art des Vortrags an Liebenswürdigkeit gewinnen. Dunkel mit grau oder braun.
4. Rubens. — 53 Jahr. Stattlicher Mann, ruhig, würdevoll, dem Humor nicht abgeneigt, edler Sinn, künstlerisches Uebergewicht, ohne dies geltend zu machen; der wahre „Künstler-König." Kleidung dunkel, doch nicht Schwarz.
5. Don Pareja. — Steife spanische Grandezza in Ton und Haltung.
6. Quexada. — Je weniger der Darsteller komisch sein zu wollen beabsichtigt, um so vortheilhafter wird er wirken. Geringschätzung der Kunst und Wissenschaft, Geldstolz und Eitelkeit stempeln ihn zur barocken Figur; überhebendes Selbstbewußtsein vollendete die Lächerlichkeit derselben.
7. Alvaro. — Einfach, natürlich und frisch, ein „mehr" kann nur schaden.
8. Juan. — Ich bitte den Darsteller, so weit es ihm passend scheint, eine dem Juan gebliebene Raçen-Eigenthümlichkeit in die Rolle zu legen. Je mehr dies gelingt, je liebevoller wird das Natur-Genie dem Zuschauer werden. Naivität, wo die Situation es zuläßt, Unruhe in Haltung und Blick.
9. Maria. — Die Naivität mit einem Hauch von Poesie wird das Interesse erhöhen.
10. Antonio. — Absichtlich habe ich diesen Gegensatz des Valtero nur in kurzen Umrissen gezeichnet, es wird an den wenigen Zügen genügen. Im Künstlerleben

gab es sonst, wie — leider — auch noch jetzt stets dergleichen Halb-menschen und Halbkünstler! Einen solchen ausführlich zu schildern, erlaubte hier die Handlung nicht, dies bleibt einer neuen Arbeit vorbehalten. Daß die Schüler, — mit Ausnahme des Valtero, — wohl von jungen Damen gegeben werden, setze ich voraus; den Antonio aber bitte ich durch eine Dame, welche zu den Größeren zählt, besetzen zu wollen.

11. **Valtero.** — Das geniale jugendliche Künstlerthum! Gediegenes Streben im Beruf, heißblütig, wo es gilt, Ernst, leichter Sinn, oft bis zur Ausgelassenheit, edles Gemüth, kurz das wahre Genie mit seinen großen künstlerischen Vorzügen und kleinen menschlichen Schwächen.

Meine Zeitgenossen haben das jugendliche Original dieses Valtero gekannt, und werden sich hier ihres Louis Löwe erinnern. Nimm Du, mein lieber Louis, die Photographie Deiner Jugend wohlwollend hin, ich habe, Deiner und der schönen Vergangenheit gedenkend, mit Liebe gearbeitet.

H. Marr.